POR QUE SOMOS CATÓLICOS

LOS MOTIVOS DE NUESTRA FE.

CLAUDIO DE CASTRO

Copyright © 2020 Claudio de Castro

Todos los derechos reservados.

ISBN: 9798568973508

DEDICATORIA

Todos los días ocurren pequeños milagros. Gestos de ternura, con que Dios nos bendice. Para descubrirlos basta abrir los ojos del alma y tener fe.

El viaje de la fe es la gran aventura de nuestras vidas. Un encuentro sorprendente entre el hombre con Dios.

Este libro responde muchas preguntas sobre la Iglesia católica. Lo escribí para ti, que eres católico y tienes inquietudes sobre tu fe y buscas respuestas. Descubrirás en cada página, **la alegría de ser católico.**

Te dedico este libro deseando que te ayude a conocer más nuestra Iglesia y así puedas valorarla, amarla y cuidarla. Vamos a descubrir juntos, los Tesoros de nuestra Fe.

Pido al buen Dios que llene tus esperanzas, realice tus sueños, te fortalezca con su Espíritu Santo y puedas tener la certeza que **Dios está VIVO** y eres especial para Él.

Contenido

INTRODUCCIÓN 9

ALGUNAS VERDADES 15

GUERRA ESPIRITUAL 23

CAPÍTULO UNO 31

   SOY CATÓLICO, PERO… 35

   TIEMPOS DE CONFUSIÓN 59

   ¿QUÉ ES UN CATÓLICO? 63

   ¿CRISTIANOS O CATÓLICOS? 65

   ¿QUÉ SÉ DE LA IGLESIA? 69

   ¿POR QUÉ ERES CATÓLICO? 73

   NUESTRA META ¿CUÁL ES? 85

   LAS ORACIONES DE UN CATÓLICO 89

   DE PEQUEÑO 95

   LOS MOTIVOS DE MI FE 97

CAPÍTULO DOS 105

   EL INICIO 107

   NUESTRA IGLESIA 111

   EN LA PUERTA DE UNA IGLESIA 115

   LA MIRADA DE JESÚS 119

   LA VOCACIÓN 121

   CUANDO OLVIDAS A JESÚS 129

LOS TESOROS DE LA IGLESIA 133
EN LA IGLESIA CATÓLICA 135
PARA RECONOCER A UN CATÓLICO 137
CAPÍTULO TRES 139
LOS ATAQUES DEL DEMONIO 141
LOS MEJORES CONSEJOS 147
CURIOSIDADES 153
CARTA A UN SACERDOTE 155
TE PIDO 159
GRACIAS POR SER SACERDOTE 161
CAPÍTULO CUATRO 163
LOS ESCÁNDALOS 165
GRANDES PECADORES 171
EL SILENCIO DEL MUNDO 177
CAPÍTULO CINCO 181
El MAYOR DE LOS ESCÁNDALOS 183
EL ESCÁNDALO DE LA CRUZ 191
EL ESCÁNDALO DEL PERDÓN 201
CAPÍTULO SEIS 207
¿AMAS A JESÚS? 209
TIENES UNA MISIÓN 211
EN EL SILENCIO 215

RAZONES PARA VIVIR 217
POR TI SEÑOR 221
VIVIR EL EVANGELIO 223
NUESTRO MAYOR ENEMIGO 225
LA ORACIÓN 227
¿QUÉ DEBO HACER? 229
DIOS TE AMA 233
ERES IMPORTANTE PARA DIOS 237
SENTÍ SU PRESENCIA A MI LADO 243
EL TIEMPO VUELA 249
LA VIDA EN FAMILIA 251
¿POR QUÉ ESCRIBO? 255
MI EXPERIENCIA COMO CATÓLICO 257
EL AUTOR 271

"… todos los que quieran vivir piadosamente en Cristo Jesús, **sufrirán persecuciones."**

—II Timoteo 3, 12

INTRODUCCIÓN

"Si el Señor no edifica la casa, en vano trabajan los que la construyen. Si no guarda el Señor la ciudad, en vano vigilan sus centinelas".
—Salmo 127

Estaba distraído y no lo vi venir. Alguien movió los libros que tenía en una de mis mesas en la Feria del Libro en Panamá. Levanté la mirada y me topé de frente con él. Estaba encorvado. Tenía la mirada gacha y ojeaba con cierto desprecio uno de mis libros. Luego pasó a otro y así estuvo un buen rato, sin mirarme, como si yo no existiera. Intuí de inmediato de qué se traba y continúe atendiendo a otros clientes que se acercaron a mi puesto de ventas. Había una multitud de personas caminando a nuestro alrededor, revisando los diferentes muebles repletos de libros. De pronto escuché su voz baja y gruesa que preguntaba con un acento extranjero:

"¿*Usted cree estas cosas?*"

Lo miré a los ojos. Parecía confundido y molesto de ver mis libros católicos de crecimiento espiritual.

"Soy el autor", respondí. No me dio tiempo de desentenderme de él. Enseguida respondió:

"Esa no fue la pregunta".

Y continuó, dejando los libros en su lugar:

"Yo soy ateo. Pero ustedes los católicos son arrogantes, orgullosos de su fe, se creen dueños de la verdad."

Estaba cansado de pasar todo el día de pie y en una posición incómoda para responder su declaración. No quería ser grosero. En ese momento recordé las palabras que una vez leí del Papa bueno, Juan XXIII: *"Es mejor comprender que criticar"*. Era una actitud que me había sacado de múltiples apuros. No sabes la cruz que cargan sobre sus hombros los demás y que los vuelve irascibles, groseros, cuando su realidad es otra. Si escuchas atentamente descubrirás que es un grito que les brota del fondo del alma pidiendo auxilio. Tratarlos con amabilidad, los desarma. Es algo que no esperan cuando llegan con un peñón en cada mano.

Sonreí amablemente, lo invité a charlar sobre lo que nos apasionaba, los libros y la literatura y a compartir un delicioso café expreso. Aceptó a regañadientes advirtiéndome:

"No me hable de su fe, ni de un Dios en el que no creo. No trate de Evangelizarme".

"Es curioso, ¿no lo cree?", le respondí. "Los ateos que dicen no creer en Dios, lo mencionan más veces que aquellos que aseguran creer en Él."

Esa tarde, mientras bebíamos un aromático café, me hice las preguntas fundamentales que habían estado dando vueltas en mi cabeza: "¿Por qué soy católico? ¿Cuáles son los motivos de mi fe? ¿Creo realmente? ¿Soy capaz de vivir el Evangelio en su radicalidad? ¿Qué espera Dios de mí?".

Cuando te cuente algo de mi vida, que haré en los próximos capítulos, comprenderás por qué la urgencia de responder estas interrogantes, sobre todo en estos tiempos de oscuridad en los que han salido a la luz tantos escándalos en la Iglesia católica. Vamos a conocer mejor nuestra Iglesia, y amarla.

Un tiempo atrás mi hija Ana Belén, cuando estaba pequeña, se me acurrucó una tarde en que jugábamos y me preguntó: "Papá, ¿por qué eres así? Antes eras diferente."

"A veces me hago la misma pregunta hija mía", le respondí dándole un fuerte abrazo. "Creo que he descubierto un tesoro en la fe y quiero compartirlo con todos, para que sean felices y no tengan miedo del futuro, la vida o las dificultades".

Los años me han mostrado que cuando Jesús te habla, no hay confusión. Todo es tan claro y transparente, todo te permite verlo. Te llenas de paz y serenidad. Es algo que siempre me ha sorprendido de Él. Sus palabras me encantan. Me llenan de esperanza. Por eso las leo con tanta alegría. Jesús es muy especial. Hace apenas dos días durante la misa de la tarde, le pedí a Jesús: "No me dejes solo. Acompáñame siempre". Y le pregunté: "¿Estarás conmigo?" Cuando terminó la misa, noté que al lado del altar habían colocado un pequeño letrero. Me acerqué a leerlo. Era la respuesta de Jesús... Fue maravilloso. Decía:

*"Yo estaré con ustedes todos los días,
hasta el fin del mundo".*
—Mt 28, 18 – 20

Recuerdo haber leído sobre un lugar en el que hicieron un concurso sobre el Salmo 23. Muchos hombres sabios se inscribieron. Se paraban frente a todos y analizaba el salmo palabra por palabra, descubriendo profundidades de la fe, en las que nadie había pensado. Fueron admirados y muy aplaudidos. Ya daban por ganador a un sabio que erguía su cabeza con orgullo, cuando llegó un hombre miserable, con vestimentas rotas, mal oliente.

Preguntó humildemente si podía participar. Algunos rieron al ver su facha, pero le otorgaron el permiso y subió al estrado. No analizó el salmo, ni habló de su autor, ni llegó a mostrar una sabiduría que los iluminara a todos. Sencillo, como era, empezó a rezar con el salmo 23, dulcemente, con suavidad, amando cada frase:

"El Señor es mi pastor: nada me falta; en verdes pastos él me hace reposar. A las aguas de descanso me conduce, y reconforta mi alma. Por el camino del bueno me dirige, por amor de su nombre. Aunque pase por quebradas oscuras, no temo ningún mal, porque tú estás conmigo con tu vara y tu bastón, y al verlas voy sin miedo.

La mesa has preparado para mí frente a mis adversarios, con aceites perfumas mi cabeza y rellenas mi copa. Irán conmigo la dicha y tu favor mientras dura mi vida, mi mansión será la casa del Señora por largos, largos días."

Cuando terminó, un profundo silencio inundo aquella sala. Todos irrumpieron de pronto en aplausos y vítores y le dieron por ganador. Alguien se le acercó con curiosidad y le preguntó cómo hizo para ganarle a tantos ilustres competidores. Sonrió con dulzura.

*"Es que ellos conocen el salmo del buen Pastor, yo en cambio, **conozco al Pastor del salmo**".*

Yo también quería conocer al Pastor del salmo, como la Madre Teresa de Calcuta. Ella escribió sobre una experiencia sobrenatural que tuvo con Dios.

"La experiencia que me hizo decidirme a trabajar dedicada a los más pobres, fue un 10 de Septiembre del 1947, cuando caminando por las calles de Calcuta tropecé con el cuerpo de una mujer moribunda, la levanté, caminé hasta un hospital cercano y pedí una cama para ella; la mujer murió en esa cama, la primera, la única y la última cama que tuvo en su vida. Esta imagen me seguía y **me preguntaba porque Dios permitía eso**, en el silencio de la noche encontré la respuesta, Dios me dijo: «*claro que he hecho algo para solucionar esto, te he hecho a ti*»".

Pasé unos días reflexionando, orando, pidiendo a Dios su Santo Espíritu. Abrí mi Biblia y empecé a leer en búsqueda de la Verdad que tanto anhelaba encontrar compartir contigo, y descubrir al Pastor del salmo 23, para conocerlo más y amarlo a Él y a su Iglesia, con todo el corazón.

ALGUNAS VERDADES

Cuánto le duelen a Jesús los escándalos, el daño a los inocentes, lo que nosotros como creyentes, con nuestra indiferencia y poca fe, le hacemos a su Iglesia. Parece que en algún recodo del camino hemos perdido la certeza del cielo, de un Paraíso prometido, el valor de la Pureza, de la Misericordia. El mundo nos envuelve con el materialismo y nos atrapa. Hay un motivo muy simple por el que caemos con tanta facilidad, hemos descuidado la oración, la vida sacramental fervorosa, y nos alejamos de Dios, que es la luz que ilumina nuestras vidas, dejando espacio a que la oscuridad del maligno permee en nuestras almas y nuestras vidas.

A veces andamos como Adán y Eva, temblorosos, asustados por nuestros pecados, **con miedo** de ser descubiertos. "Oyeron después la voz de Yavé Dios que se paseaba por el jardín, a la hora de la brisa de la tarde. El hombre y su mujer se escondieron entre los árboles del jardín para que Yavé Dios no los viera. Yavé Dios llamó al hombre y le dijo: "¿Dónde estás?" Este contestó: "He oído tu voz en el jardín, **y tuve miedo** porque estoy desnudo; por eso me escondí." —Génesis 3, 8 -10

Para evitar esto hay una solución sencilla, acude al confesionario, haz una buena confesión sacramental y **restaura tu amistad con Dios**. Créeme, vale más que el oro del mundo, acumulado en una montaña. Te llenarás de una paz sobrenatural que no habías experimentado.

Todo en Dios es serenidad, gozo sobrenatural, paz, alegría. Todo en el demonio es angustia, temor, dolor. Oscuridad, aberración. Elegimos por libre albedrio nuestros caminos.

Esta mañana me estremecí al leer las noticias que nos llegan de Roma, desde el Vaticano. Han dado a conocer un expediente de más de 400 páginas. Es la investigación sobre las acusaciones a un cardenal americano, de mucho prestigio, que llegó muy alto en la jerarquía eclesiástica. El Papa, sin miramientos, ante las evidencias, **lo expulsó del cardenalato y del sacerdocio.** Algo insólito e inédito en la Iglesia. Vivimos tiempos oscuros.

Es hora de rezar con fervor por el Papa, la Iglesia, los sacerdotes, y **las victimas** de estos espantosos abusos. Hay que rezar por las almas que se están perdiendo, no dejar la cancha abierta al demonio, para que haga de las suyas. En mi país solemos decir que "es malo con ganas".

El Papa Francisco renovó el compromiso de la Iglesia para **erradicar** "la plaga del abuso". Está tratando de aclarar, y que la verdad florezca. Han ocurrido cosas indescriptibles, como si se tratara de hacer daño a los otros, las víctimas, los inocentes y de paso dañar lo más posible y desacreditar la Iglesia.

Lo que estamos viviendo abre un nuevo capítulo, de transparencia, sin secretos, con la verdad en la mano…

Hola, me llamo Claudio de Castro soy un escritor católico, vengo de una familia hebrea con una larga tradición. Nosotros no somos la iglesia del silencio, la que se oculta en la oscuridad, sino que resplandece con la verdad. Y es hora de hablar, mostrar nuestra verdad. Decidí escribir sobre este encuentro del hombre con una Iglesia llena de virtudes, dificultades y pecados y también de la presencia extraordinaria de Dios, que nos ama a todos a pesar de lo que hacemos.

Escribí este libro **EN DEFENSA DE NUESTRA IGLESIA,** para que conozcas todas sus aristas, lo bueno y lo malo; y descubras los grandes e innumerables tesoros de nuestra Iglesia católica, que permanecen ocultos, de los que tanto se habla y por lo que muchos la menosprecian, sin saber la realidad.

También para responder la pregunta universal que tanto me hacen: "¿Por qué eres católico Claudio?"

Hay cosas que desconoces siendo católico y por las que vale la pena vivir y levantar nuestras voces, como los seguidores de Jesús y clamar a todos: *"No podemos dejar de decir lo que hemos visto y oído"*.

Al momento de escribir estas palabras, turbas enfurecidas han incendiado dos iglesias católicas en Chile. Mientras ardía el campanario de una muy antigua, patrimonio histórico, escuchabas sus voces y gritos de vítores y alegría.

Parece que quemar iglesias los ayuda a desahogar su dolor, señalar con vigor y desprecio los 148 casos de escándalos sexuales en que se ha visto sumergida la iglesia católica en su país y muchos más en el mundo. Es curioso, por los grafitis que han dejado te das cuenta que quieren sacar a Dios de sus vidas, pero ignoran que no pueden vivir sin Él, pues "en Dios vivimos, nos movemos y existimos".

Rezo por ellos para que sanen sus heridas y descubran que Dios está vivo *"en ellos"* como templos del Espíritu Santo y en su iglesia y que también le duelen nuestros pecados, que nos alejan de Él. El silencio de los creyentes parecía abrumador.

Se sabe que el miedo paraliza. Siempre se ha usado como arma intimidatoria. Basta ver la reciente Pandemia, nos metieron miedo a todos y aceptamos sumisos, sin protestar, los largos encierros, las cuarentenas, y que cerraran nuestras iglesias por meses.

Un católico, una persona de fe, no puede exponerse al miedo y callar. Debemos perdonarles y hablar, alto, que se escuche nuestra voz: "DIOS ESTÁ VIVO". Hay que mostrarles el amor infinito de Dios y su Misericordia, que también es para ellos. Dios quiere consolarlos, restaurar sus vidas, sanar tanto dolor.

La vida del católico debe ser la misericordia, las buenas obras y transmitir el Evangelio de Jesús, procurando en todo momento la santidad, **ser un reflejo del amor de Dios.** No podemos temer al presente o al futuro. Las escrituras son claras al respecto y nos exaltan constantemente a tener coraje, valor y fe: "**No temas**, pues yo estoy contigo; no mires con desconfianza, pues yo soy tu Dios; yo te he dado fuerzas, he sido tu auxilio, y con mi diestra victoriosa te he sostenido." —Isaías 41

"Yo soy quien te manda; esfuérzate, pues, y **sé valiente.** No temas ni te asustes, porque contigo está Yavé, tu Dios, adondequiera que vayas". —Josué 1

"Yo les digo a ustedes, mis amigos: **No teman a los que matan el cuerpo** y después ya no pueden hacer nada más. Yo les voy a mostrar a quién deben temer: teman a Aquel que, después de quitarle a uno la vida, tiene poder para echarlo al infierno. Créanme que es a ése a quien deben temer."
—Lucas 12

¿Es perfecta nuestra iglesia? No lo es. La Iglesia católica, mi iglesia que tanto amo, se ha visto envuelta en diferentes escándalos a lo largo de los siglos, y vamos a hablar de ellos. **Como católico me duele**, SIENTO INDIGNACIÓN y no puedo callar ante algunos incidentes que veo, la crisis en la Iglesia que ha sido lastimada, herida, por algunos de sus miembros desde adentro y algunos de afuera.

Hace poco estuve meditando en los sufrimientos de Jesús por su amada Iglesia. ¿Qué sentirá cada vez que uno de los suyos le es indiferente? Estos escándalos no son nada nuevo, la Iglesia en sus inicios estuvo rodeada de cizaña y hasta un traidor infiltrado, como ocurre hoy, y que cedió a la más grave tentación, al punto que Jesús dijo de él: *"¡Más le valdría a ese hombre no haber nacido!"* Comprendo que es función de la iglesia anunciar y denunciar y todos somos iglesia, por eso no excusaré lo malo, pero tampoco dejaré de mostrar el rostro amable de una iglesia. Voy a hablar y escribir de sacerdotes excepcionales que he conocido como católico a lo largo de los años. Hay más en la Iglesia de lo que puedes ver, solo debes abrir los ojos del alma y descubrirás su vida sobrenatural. Ahora es cuando más debes luchar y orar por conservar la fe. "Señor, auméntanos la fe".

He rezado largo rato antes de sentarme e iniciar este proyecto. Lo sé bien. "sin la oración estoy perdido". La oración me fortalece y me ayuda a afrontar los problemas y seguir adelante, me da esperanza.

Debes amar tu iglesia y para hacerlo, primero necesitas conocerla. En nuestra Iglesia descubres un tesoro infinito, que muchos no ven, por aferrarse a lo material. Es un tesoro espiritual. Somos carne, pero también debemos nutrir nuestro espíritu.

Quería contarte algo. Esta mañana fui a misa, debo reconocerlo, con desgano, a insistencia de Vida, mi esposa. Tuve una mala semana. Es difícil no desgastarse con esto que pasa en el mundo. No hice más que pisar aquella iglesia y me sentí como en el Paraíso en la tierra, abrazado, amado. Y ocurrieron cosas que aún estoy tratando de comprender. Es difícil explicar el amor infinito de Dios, cuando lo experimentas y te llena todo y se desborda en tu alma. Una invitación de Jesús se repetía en mi corazón a lo largo de la misa: *"Vengan a mí todos ustedes que están cansados y agobiados, y yo los aliviaré"*.

Sentí que era una invitación personal, especial, para mí. Le agradecí. Y de pronto, durante la comunión el coro empezó a cantar: *"Vengan a mí todos ustedes que están cansados y agobiados, y yo los aliviaré"*. Quedé paralizado, impactado.

¿Cómo es posible tanto, tanto amor?

Tuve la necesidad de compartir contigo esta experiencia. Es algo muy especial. Aún estoy aquí, mientras te escribo, conmocionado, por esta gracia, que deseo retener en mi interior, dulce como la miel. ¡Qué bueno es Dios! Luego de esta maravillosa experiencia del amor insondable de Dios, supe que debía retomar este libro y reescribirlo. Hay muchas cosas que aún no te he contado. Y es hora de hacerlo.

GUERRA ESPIRITUAL

Cuando escribí mi Best Seller: **"El Mundo Invisible"**, un libro sobre las malignas acciones del demonio en este mundo, la Iglesia y nuestras vidas. Aprendí de primera mano, con diferentes vivencias, investigaciones, consultas y largas lecturas; verdades fundamentales que aun hoy me estremecen cuando las pienso. Por eso creo que es **URGENTE** que la humanidad conozca estas realidades y esté alerta:

1. **El demonio existe, es real**.
2. Jesús lo enfrentó con todo su poder y la Palabra santa de Dios.
3. El demonio maneja a la perfección la palabra de Dios, con ella tentó a Jesús. En el desierto le decía: "Está escrito…"
4. El maligno nos odia como nadie puede odiar, un desprecio abismal y eterno.
5. Quiere destruir la Iglesia, no soporta su luz y Verdad.
6. El demonio desprecia la humildad, la verdad y el amor, porque lo vencen con facilidad.
7. El demonio está más activo que nunca.
8. ¿El gran enemigo del demonio? La Iglesia, porque le arrebata almas y las lleva a Dios.

Recuerdo con claridad una mañana nublada de julio que me encontraba en el estudio escribiendo emocionado un capítulo del libro. Era sobre un tema específico y quería exponer al demonio en ese punto.

Cada día aprendía algo nuevo y me preguntaba cómo era posible que los católicos ignorábamos estas verdades, por qué en la iglesia poco se habla de ellas. Vida, mi esposa, estaba sentaba en un sofá, leyendo plácidamente un libro. De pronto, un pesado rollo de cinta adhesiva levitó en el aire frente a mí y salió disparado con furia, para estrellarse contra la pared del fondo a más de 5 metros de distancia. En lugar de atemorizarme me sentí feliz. Comprendí al instante que ese libro tendría una gran repercusión y ayudaría a muchas personas a descubrir la existencia del demonio. El libro lo señala a distancia, "allá está", te dice, míralo, pero no te acerques a él, sé prudente.

Escribía y frente a mí, en la pantalla del ordenador veía cómo se borraban las palabras. Era un situación inaudita y quería terminar rápido el libro para no tener que enfrentar estas raras situaciones a las que no estaba acostumbrado.

Con este libro que hoy tienes en tus manos, ha ocurrido algo similar. ¡Es impresionante! Deja de ser casualidad cuando se repite una y otra vez. Sabes en ese momento que hay algo más, oscuro, tenebroso. La presencia de un odio. Anoche se borró el archivo del libro diagramado. ¡Vaya! No lo esperaba. Aun guardaba los archivos dispersos de los diferentes capítulos. Otros, tocaría reescribirlos.

Esta mañana al despertar, luego de hacer mis pobres oraciones, me percaté de la necesidad de escribir esta nueva introducción al libro. Las Escrituras nos dicen con claridad:

"Lleven con ustedes todas las armas de Dios, para que puedan resistir las maniobras del diablo. Pues no nos estamos enfrentando a fuerzas humanas, sino a los poderes y autoridades que dirigen este mundo y sus fuerzas oscuras, los espíritus y fuerzas malas del mundo de arriba." (Efesios 6, 11-12)

Empezamos otra vez casi de cero, porque sentí que al libro le faltaba algo muy importante, lo que acabas de leer. Eso te permitirá comprender muchas de los signos que están ocurriendo en el mundo y la Iglesia. Recuerdo una mañana que me quejé con Jesús por las situaciones de dolor y conflictos que estaba pasando. Llevo una cruz pesada, a disgusto, y sentía que me colocaban más peso sobre ella. "Por qué permites que me coloquen en lugares oscuros en los que no quiero estar?", le pregunté. Su respuesta me sorprendió. Sentí en lo más hondo del alma estas dulces palabras: "Para que los ilumines, con una pequeña llamita y tengan esperanza"-. Imaginé millones de pequeñas llamitas, la tuya, la mía, juntas, como una gran llamarada de luz, iluminando esos lugares tenebrosos de tinieblas y pecado, llevando la luz de Cristo.

Entonces comprendí y me llené de una profunda emoción. "Ustedes son la luz del mundo: ¿cómo se puede esconder una ciudad asentada sobre un monte? Nadie enciende una lámpara para taparla con un cajón; la ponen más bien sobre un candelero, y **alumbra a todos los que están en la casa. Hagan, pues, que brille su luz** ante los hombres; que vean estas buenas obras, y por ello den gloria al Padre de ustedes que está en los Cielos." —Mateo , 14-16

¿Te has dado cuenta? Parece que hemos perdido la sensibilidad del alma. Algunos católicos hablamos mal de nuestros sacerdotes y nuestra Iglesia. A Jesús le duele nuestra indiferencia. Lo poco que valoramos la santa misa. Nuestro poco amor. Nuestra poca fe. Ya no nos duele pecar. Ofendemos a Dios con demasiada facilidad y no nos remuerde la conciencia. Algunas películas y programas de televisión, cooperan, mostrándonos un mundo distorsionado. Y quieren que nosotros participemos de él. El aborto, la eutanasia y el adulterio, y otras graves ofensas a la vida y a Dios, se hacen ver como algo natural, y bueno y deseable, cuando no es verdad. Son pecados graves, que ofenden profundamente a nuestro Padre celestial. Hieren el corazón de Dios. Y nos apartan de Él.

Un sacerdote nos contaba de una joven que se confesaba una y otra vez del mismo pecado: "había abortado". El buen sacerdote le decía: "pero ya le di la absolución" y ella respondía: "es que este peso tan grande no me deja vivir".

Mira tu interior: "¿En qué estado se encuentra tu alma?" Un amigo me comentó: "Si yo supiera que tengo el alma en pecado mortal, correría al confesionario. Recuperaría su pureza y la guardaría con todas mis fuerzas".

En Fátima la Virgen le dio a los niños videntes un mensaje que impacta: **"No ofendan más a Dios, que ya está muy ofendido"**. También les mostró el infierno, "un mar de fuego en el que se veían almas con forma humana gritando desconsoladamente" y les dijo con seriedad:

"Oren, oren mucho y hagan sacrificio por los pecadores. Son muchas las almas que van al infierno porque no hay quien se sacrifique y rece por ellas".

No podemos hacer nada por las almas que están en el infierno, pero sí por las que viven en peligro de condenarse. Las que están en pecado mortal. Nos toca orar y pedir por ellas, para que se arrepientan, mientras tengan tiempo.

Un escritor dijo una vez: "Qué tristeza perder una brillante eternidad, por un poco de tierra". Y un santo pregonaba: **"Sólo tienes un alma, si la pierdes, ¿qué harás?"**

Dios siempre da nuevas oportunidades. Recuerda al hombre que murió en la cruz al lado de Jesús. ¡Era un ladrón! y Jesús lo perdonó, igual que a la mujer adúltera y a la prostituta y a muchos otros. "Un corazón arrepentido, Dios nunca lo desprecia".

Es hora de buscar a Dios. De volver a sus caminos. Si le dices como el salmista: "Ten piedad de mí, oh Dios, en tu bondad, por tu gran corazón, borra mi falta. Que mi alma quede limpia de malicia. Purifícame de mi pecado. No me rechaces lejos de tu rostro. Ni me retires tu espíritu santo". —salmo 51

Seguramente te responderá: "No temas, porque yo te he rescatado. Te he llamado por tu nombre. Tú eres mío. ... te amo y eres importante para mí". (Is 43, 1-3) Un alma pura e inocente, recibe gracias abundantes. No imaginas cuántas. Dios nunca se aparta de ella.

¡Ánimo! Guarda la pureza de tu corazón. Pide a la Virgen su protección. Vive en la presencia de Dios. Y serás feliz.... verdaderamente.

El diablo ha presentado la mayor de las tentaciones, esperando que ilusos caigamos en ella. Ha colocado un caballo de Troya frente a las puertas de la Iglesia, con sus huestes y tentaciones que parecen tan agradables a la vista. Hay historias urbanas sobre el comunismo que infiltró en la Iglesia jóvenes del Partido, que fueron creciendo dentro de ella y hoy ocupan altos cargos. Están escondidos en su seno, esperando que abran una puertecilla oculta para salir a la luz. ¿Sera verdad? Nos toca rezar con fervor, vivir con espíritu de plegaria, en estos tiempos turbios y con nuestras oraciones iluminar el mundo. Es tiempo de pedir al buen Dios por los sacerdotes, obispos, cardenales, el Papa, nuestra Iglesia, por los laicos, religiosos, religiosas. **Es hora de sacar nuestros Rosarios y rezar por la Iglesia y el mundo.**

Leí una vez que la confianza es la "esperanza fortalecida por la fe", yo tengo mi confianza en nuestra santa Madre Iglesia, en la presencia de Jesús en ella y en la protección de nuestra Madre del cielo, la santísima Virgen María, quien en Fátima dijo esta proféticas palabras a los tres pastorcillos:

"Al final, mi Inmaculado Corazón triunfará".

¿Eres católico? Descubramos nuestra Iglesia, el camino de santidad que nos toca recorrer, y el amor extraordinario de Jesús por la humanidad.

Escribo este libro, a la luz del sagrario, para que podamos valorar lo que tenemos en nuestra Iglesia como católicos que somos.

Gracias querido lector por acompañarme en esta búsqueda que estamos iniciando y en este encuentro maravilloso con nuestra fe, para ver los escándalos y pedir perdón por ellos, como Iglesia, pero también descubrir sus grandes tesoros espirituales, dones disponibles para todos los que quieran disponer de ellos o los necesiten en su camino para recuperar sus vidas, la esperanza y lograr la anhelada santidad.

CAPÍTULO UNO

Conociendo

LA IGLESIA

"Oh Madre Mía, préstame tu corazón para recibir a Jesús, en la sagrada Comunión".
—Sor María Romero

*"Amad a esta Iglesia,
permaneced en esta Iglesia,
sed vosotros esta Iglesia"*.

—San Agustín.

ERES CATÓLICO?

¿Qué nos falta?

Testimonio.

Oración.

Fe.

Entusiasmo.

Alegría.

Llenarnos de Dios.

Y llevarlo a los demás.

SOY CATÓLICO, PERO...

"El Amor no es amado". —San Francisco de Asís

¿Has escuchado alguna vez esta expresión? "Soy católico, pero..." o "crecí en el catolicismo, asistí a una escuela religiosa, fui bautizado e hice la primera comunión... pero..." Es una frase que en estos días circula con mucha frecuencia en las redes sociales. Parece que estamos condicionando nuestra fe a las preferencias y los intereses de cada uno y estás a punto de criticar y señalar a tu Iglesia. Ese "pero" que se usa con cierta frecuencia y proviene del latín *per hoc*, es considerado por la gramática como un conector adversativo y sin embargo tiene un gran peso en nuestras vidas. Nos ciega, no nos permite ver con claridad y suele desviarnos del camino recto y seguro de la fe. A menudo se usa para ir contra algún señalamiento doctrinal del Papa, un obispo o un sacerdote.

Hay ciertas cosas que solo podemos ver con los ojos del alma, y ocurre cuando somos humildes y llevamos una vida de oración en la cercanía de Dios. Existe una gran confusión en el mundo y debemos alejarnos de ella. Dios tiene un propósito para cada uno de nosotros. Nos toca descubrirlo, seguirlo en obediencia, pues nos hará felices en este mundo y en otro. Lo temporal nos seduce y te hace olvidar la maravillosa Eternidad a la que estamos llamados. Nos toca buscar las cosas del cielo, así comprenderemos. San Félix, conocedor del corazón humano, y lo que somos capaces de hacer, recomendaba: *"Amigo, la mirada en el suelo, el corazón en el cielo y en la mano el santo Rosario".*

Cuando recalcas tu vida como católico seguida de un "pero", estás condicionando la Iglesia, tu fe y tu vida espiritual a lo que quieres para ti. Es como decir: "Creeré si hacen tal cosa, creeré si permiten esto… en caso contrario, no cuenten conmigo." Vemos con luces cortas y no observamos más allá. Esa no es la fe pura y sencilla que nos enseñaron de niños y a la que debemos aspirar a conquistar, con el corazón limpio y dócil. Olvidamos que tenemos vida sobrenatural en la gracia de Dios y la debilitamos al concentrar nuestros deseos y esfuerzos en la vida terrena. Hay momentos en que *tenemos que ser menos carne y más espíritu.*

Las Escrituras nos explican: "Ustedes son el cuerpo de Cristo y cada uno en su lugar es parte de él." (1 Cor. 12, 27) ¿Qué significa esto? Hablamos del Cuerpo Místico de Cristo, su Iglesia, de la que

Cristo es su cabeza nosotros, todos, somos sus miembros. Jesús se detuvo a explicarlo con una hermosa parábola: "Yo soy la vid y vosotros los sarmientos" (Juan 15, 5) **Somos la Iglesia Militante**, llamados a hacer la santa voluntad de Dios, luego está **la Iglesia Purgante**, formada por los que permanecen en el Purgatorio, y que nosotros podemos ayudar con nuestras oraciones y, por último, **la Iglesia Triunfante**, los que alcanzaron la meta y están en la Patria, el Cielo.

Tus acciones nos afectan a todos, para bien o para mal. "Si un miembro sufre, todos sufren con él; y si un miembro recibe honores, todos se alegran con él." —1 Cor 12, 26 —El conocimiento del Cuerpo Místico de Cristo te lleva a realizar obras en bien de los demás. Sabemos que la gracia santificante es un don personal sobrenatural.

Si estás en gracia de Dios, cualquier obra que realices, por pequeña que sea, tendrá un valor enorme a los ojos de Dios, aunque sea lavar los trastes en casa, barrer la oficina, escribir un documento… Por eso suelo decir: "Si pierdo la gracia, lo pierdo todo". ¿Y qué debo hacer? Mirarlo todo con ojos de Misericordia, preguntarte antes de hablar o actuar: "¿Qué haría Cristo en mi lugar?"

El nuevo Beato de nuestra Iglesia, el joven Carlo Acutis escribió estas palabras que nos iluminan el camino: *"Estoy feliz porque he vivido mi vida sin desperdiciar ni un minuto, haciendo cosas que no hubieran agradado a Dios".*

Ese "soy católico, pero" que resuena hoy día en muchos lugares de la Cristiandad es como un grito pidiendo auxilio en la desesperanza. Alguien debe explicarlos los motivos de nuestra fe como católicos y por qué Jesús nos insiste tanto que seamos "uno". "Yo les he dado la gloria que tú me diste, para que sean uno como nosotros somos uno". —Juan 17 —A pesar de las cosas que estamos viviendo, y la oscuridad que parece envolver al mundo, debes tener fe. Nunca rendirte ni abandonarla. Aférrate a tu fe. No lo hagas por una decepción, Dios espera más de ti. San Pablo nos recuerda lo que es la fe con estas palabras: "La fe es como **aferrarse a lo que se espera**, es la certeza de cosas que no se pueden ver." —Hebreos 11

Comprendo que estás pasando un mal rato. Esta Pandemia nos ha sumergido en una locura colectiva. Primero el confinamiento, las Iglesias cerradas, la carencia de los sacramentos, el hambre de

Dios, las muertes. Y para rematar, las empresas cierran y muchos han perdido sus empleos. Suelo decir que estos son los momentos en que más necesitamos aferrarnos a nuestra fe y vivir el Evangelio, acudir a Jesús en el Sagrario.

Me he quedado varias veces sin empleo. Cuando estas cosas ocurren suelo visitar a Jesús en el Sagrario y le digo: "¿Ves lo que pasó? Tengo vacaciones. Déjame disfrutarlas un poco antes que me consigas otro trabajo". Y cada vez, algo mejor ha llegado. En la vida todo pasa, esto también pasará, no te preocupes. Comprendí que muchas situaciones nos ocurren porque Dios quiere que aprendamos algo con ellas. Tal vez a ser humildes o pacientes. Que renovemos nuestras vidas, aprendamos a confiar en Él y nos abandonemos en su santa Voluntad y no nos preocupemos tanto por lo material. Que recordemos que tenemos un alma y que debemos cuidarla. Que miremos al cielo y lo busquemos nuevamente para adorarle *"en espíritu y en verdad"*.

Dios sabe sacar cosas buenas de lo que a nosotros nos parece un infortunio. Es como el jardinero que poda un árbol para fortalecerlo. Tal vez, en este momento, Dios está podando el árbol de tu vida. Es doloroso, pero conveniente. Con el tiempo lo verás.

Hace unos años un amigo me envió un mensaje desesperado, por Internet. Nos comunicamos en un sitio donde las personas pueden charlar en tiempo real. Me dijo acongojado:
— He llegado al final del camino.
— No comprendo.
— Esta tarde el banco va a secuestrarme la casa. Me quitarán todo lo que tengo.
— Dios prueba tu poca fe, para enseñarte a confiar. Debes encontrarlo hasta en las tormentas — le dije con serenidad. Y añadí:
— Nada va a ocurrir.
— Es imposible lo que dices.
— Todo es posible para Dios.

Le aconsejé lo que siempre digo en casos como este:
— Visita a Jesús Sacramentado, cuéntale todo. Él sabrá qué hacer.
— ¿Acaso Dios me va a escuchar?
— Él siempre lo hace. Ya lo verás.
En eso se disculpó:
— Dame un minuto que alguien me llama al celular.
Esperé...

Al rato escribió emocionado.

— ¡No puedo creerlo! Esto es increíble. Estaba aún hablando contigo y un amigo me llama para poner a mi disposición el dinero que necesito.
— Si confías —le dije —, verás cosas mayores.
Y pensaba agradecido:
—*Qué bueno eres Señor.*

"Acude perseverantemente ante el Sagrario, de modo físico o con el corazón, para sentirte seguro, para sentirte sereno: pero también **para sentirte amado**..., ¡y para amar!", aconsejaba san Josemaría Escrivá. "Que no falte a diario un "Jesús, te amo" y una comunión espiritual —al menos—, como desagravio por todas las profanaciones y sacrilegios, que sufre Él por estar con nosotros".

Hay aun grandes tesoros espirituales por descubrir en nuestra iglesia católica. Me señalaba el sacerdote emocionado, hace unos días: *"Acércate al sagrario y deja que Jesús te mire. San Juan de la Cruz dice que cuando el Divino Maestro te mira ocurren tres cosas maravillosas:* **te limpia, te purifica y te enamora**".

¿Sabrán las personas QUIÉN está en el sagrario? El mismo Jesús que caminó en Nazaret, está allí, VIVO, esperándonos para llenarnos de gracias.

De esos tesoros quiero hablarte en este libro sobre nuestra fe y de la amistad de Jesús, quien a pesar de lo que soy de lo que hago, siempre ha estado a mi lado, caminando conmigo, disponible para escucharme y darme las gracias que necesito para seguir adelante. Me veo a veces como un fruto que madura para Dios. Él se encarga de podar el árbol, para fortalecerlo, y es cuando sufres, cuando no comprendes por qué te ocurren estas cosas. Te muestra el camino seguro, el que lleva al Paraíso. Es el camino de la Cruz, pero no lo comprendemos. Dios se ha encargado, a lo largo del tiempo, de recordarnos algo importantísimo: *"Somos ciudadanos del cielo".*

Es verdad, somos sus hijos, herederos del Paraíso; por ello la importancia de mantenernos en estado de gracia. Hay una parte del salmo 14 que sorprende: *"Se inclina Dios desde el cielo, mira a los hijos de Adán, ¿habrá alguno que valga, siquiera uno que busque al Señor?"* Ojalá seas tú aquel que lo busca, que desea encontrarlo y le abras tu corazón. Recuerdo la vez que me encontré con un viejo amigo, a la salida de misa. Se le notaba consternado.
—Sabes — me dijo—, estoy pasando por una gran tribulación. Y no sé qué hacer. Vengo al Santísimo, voy a misa, rezo el Rosario y, aun así, con todo esto,

me siento vacío. Sufro lo indecible. El negocio apenas lo puedo atender. No me concentro en nada, pensando qué hacer, cómo solucionarlo.

Nos sentamos un rato. Y mientras él hablaba me puse a recordar los problemas que estoy confrontando y cómo los he podido vencer, no con mis pobres fuerzas, sino con la de Dios. Entonces supe qué responder.

—Tal vez no te has dado cuenta, pero mientras hablabas no dejabas de decir: "Yo sufro", "yo tengo problemas", "Yo esto..." y no has mencionado a Dios. Me parece que te hundes cada vez más porque te sientes autosuficiente, siempre has contado con tus fuerzas... y algo incomprensible ha pasado. Has tratado de solucionar tus problemas y no has podido. Le pides a Dios que te ayude, pero no le permites actuar. Deja que Dios actúe en tu vida, te sorprenderás. El cambio a los días fue sorprendente. Yo sólo pensaba: "`Que bueno eres Señor!"

Cada cierto tiempo, cuando es necesario, Dios envía personas extraordinarias que cambian el mundo y renuevan nuestra Iglesia. Ocurrió con san Francisco de Asís, san Josemaría Escrivá, la Madre Teresa de Calcuta…. Y otros santos.

También ocurrió con un judío al estilo de san Pablo, que despreciaba todo lo referente al cristianismo.

Estamos en 1847 en París, el príncipe de Moscú le pide a su amigo Hermann Cohen, un judío alemán y renombrado musico, que le reemplace en la dirección del coro en la iglesia de Santa Valeria. Herman acude para hacer un favor. Ocurre algo extraordinario y es Hermann quien lo narra:

"En el acto final de la bendición con el Santísimo, experimenté una extraña emoción, como remordimientos de tomar parte en la bendición, en la cual carecía absolutamente de derechos para estar comprendido".

En ese momento sintió "un alivio desconocido. Acababa de experimentar la dulce presencia de Jesús VIVO en el santísimo sacramento del altar. Su conversión fue irremediable y dio mucho que hablar. Se hizo católico, sacerdote y carmelita, apóstol del Santísimo.

Su primera predicación hizo historia, es maravillosa y logró convertir a muchos. Este fragmento siempre me ha conmovido:

"Y vosotros, amigos míos, ¿habéis hallado la felicidad? ¿Sois felices? ¿No os falta nada? Pero me parece oír aquí, como en todas partes, un lúgubre concierto de gemidos y de quejas, que se elevan por los aires. Es porque la mayoría de los hombres se equivocan acerca de la naturaleza misma de la felicidad, y porque la buscan donde no está...

Sólo Dios puede satisfacer esta necesidad del corazón del hombre. Pero, ¿cómo alcanzar a Dios y poseerlo? Dios aparece en sus obras y sobre todo en la obra admirable de la Encarnación y de la Redención. Dios, en la persona de su Hijo, Jesucristo, ha descendido de los cielos, ha venido hasta nosotros, se ha hecho el compañero de nuestro viaje, el pan de nuestra alma. Dar a conocer el nombre de Jesús ha obrado una verdadera revolución en el mundo. **"Pero yo no creo en Jesucristo",** replicará el incrédulo. **" ¡Eh!, le responderé yo: yo tampoco creía, y precisamente por eso era desgraciado".** Jesucristo se nos da, y para hallarlo es preciso velar y rogar. Jesús está en la Eucaristía, y la Eucaristía es la felicidad, es la vida".

Este judío convertido al catolicismo fue el fundador de la asociación de la Adoración Nocturna, que se extendió por muchos países.

Giovanni Papini (Florencia, 1881 - 1956) fue un escritor y poeta italiano muy conocido. Era agnóstico y anticlerical hasta los huesos. Mencionar la iglesia era un insulto. Durante la guerra se refugió en las montañas. Como los campesinos no sabían leer, le pedían que leyera para ellos las Sagradas Escrituras.

Por las tardes, Giovanni se trepaba a una roca y desde allí les leía el Evangelio a estas personas hambrientas de Dios.

Esta lectura cotidiana le hizo conocer a Jesús y encontrarse con Él. Se convirtió al Catolicismo y en 1921 escribió su famoso libro: "Historia de Cristo".

> *"Estamos solos en el borde del infinito;*
> *¿por qué rechazar la mano de un Padre?*
> *Hemos sido lanzados, efímeramente,*
> *desde lo alto de la eternidad; ¿por qué*
> *rechazar el apoyo, aunque sólo sea para*
> *quedar sujetos por los clavos de una cruz*
> *de campo?"* (G. Papinni)

LOS TESOROS DE LA IGLESIA

La Iglesia es depositaria de grandes tesoros, de ellos quiero hablarte porque muchos los desconocen y la señalan por ello acusándola: "¿Por qué no los vende y los da a los pobres?" Este es uno de los señalamientos más comunes que hacen tanto católicos como no creyentes cuando algo les disgusta de la Iglesia. El Papa Francisco recientemente la respondió. Con mucha claridad dijo: "La mayoría de los tesoros son espirituales, el resto está en los museos y biblioteca Vaticana. No son tesoros de la Iglesia, Están en iglesias, pero son patrimonio de la humanidad: miles de cuadros, esculturas, estatuas… Los regalos que recibe el Papa se venden y lo recaudado se da a los pobres." Los tesoros espirituales, las gracias, son grandes bendiciones que están a nuestra disposición, es como un cofre lleno de joyas que puedes abrir cuando desees y tomar de él lo que necesites. Los guardamos en vasijas de barro. Cualquier católico puede hacerlo. La Biblia, por ejemplo, es un caudal de conocimientos, sabiduría y discernimiento que Dios ha querido compartir con nosotros, sus hijos. El Evangelio nos habla de este tesoro en diferentes ocasiones: "llevamos este tesoro en recipientes de barro para que aparezca que una fuerza tan extraordinaria es de Dios y no de nosotros." —2 Cor 4

Hay un misterio profundo en la Iglesia, que la envuelve y que pocos comprenden o no ven cegados por una mala experiencia, difícil de superar. San Cipriano de Cartago, obispo y mártir habría escrito de ella: **"No puede tener a Dios por Padre quien no tiene a la Iglesia por Madre"**.

San Josemaría Escrivá, tal vez previendo los tiempos que íbamos a vivir, escribió estas palabras que nos señalan el camino ante tantos escándalos: *"Ojalá no caigas, nunca, en el error de identificar el Cuerpo Místico de Cristo con la determinada actitud, personal o pública, de uno cualquiera de sus miembros. Y ojalá no des pie a que gente menos formada caiga en ese error. ¡Mira si es importante tu coherencia, tu lealtad!"* —Surco, 356.

Tengo un amigo al que se le murió su madre. Me enteré en las noticias de la tarde en una emisora de radio local. Anunciaban la iglesia y la hora de la misa. Me pareció bien ir a verlo y darle mis condolencias en persona. Lo encontré en la parte del frente de la iglesia, ante el altar. Cuando me vio se alegró mucho y me abrazó emocionado.

Miró a su alrededor, suspiró y comentó:

—Se siente una gran paz aquí. Hace mucho que no vengo.

—Es por esa paz que yo vengo— le respondí —. He descubierto una paz sobrenatural que solo aquí encuentro.

Hay historias que me gusta mucho compartir y contarlas una y otra vez en mis libros, y en las emisoras de radio católicas, cuando me invitan, porque son muy edificantes. Ésta es una de ellas. Hace como seis meses me encontraba ordenando libros en mi cuarto cuando recibí una llamada telefónica. Del otro lado de la línea escuchaba la voz acongojaba de una señora mayor

—¿Tiene usted tiempo para escuchar a una anciana?—preguntó.

—Siempre tengo tiempo para escuchar a una bella dama— le respondí.

—Verá usted señor Claudio. Soy una persona muy mayor, Vivo con mi familia. Y sufro debido a los achaques y enfermedades propias de la vejez y sobre todo sufro porque nadie me voltea a ver en esta casa. Valgo menos que una silla. Como después que todos comen, porque les incomoda mi presencia. No sé cómo reaccionar ante la indiferencia de mi familia. Leí un libro suyo y pensé que tal vez podría orientarme y decirme qué hacer.

—La verdad —le respondí —, es que no sabría que aconsejarle, pero sí sé quién puede ayudarla.
—Lo escucho— me dijo.
—Habrá usted notado durante la misa, que al terminar la comunión a veces sobran hostias consagradas, El sacerdote no las consume. Las deja en el copón y lo guarda en una especia de cajita, con una puerta y una llave. Suele estar detrás del altar mayor o en un pequeño oratorio a un costado. Se llama tabernáculo o sagrario. Allí el sacerdote deposita el copón con las hostias que han sobrado. Cada hostia es Jesús, VIVO. Queda en custodia como un prisionero de amor, Jesús escondido en ese sagrario, a la espera que vayamos a verlo, acompañarlo, adorarlo y decirle que le queremos. Al lado de cada sagrario vas a ver una lampara roja encendida. Se llama lámpara del sagrario. Cuando la veas encendida sabrás que allí está Jesús Sacramentado.

A pesar de mi larga explicación, ella seguía atenta.
—¿Y qué debo hacer?—preguntó.

—Cuando termine la misa de la mañana, vaya un

momentito al oratorio donde tienen el sagrario, arrodíllese unos minutos frente a él, porque estará en la presencia de Jesús. Rece con fervor. Converse con Jesús y cuéntele todo. Él sabrá qué hacer.

Aquí terminó nuestra conversación de ese día. Transcurrieron quince días y recibí otro telefonema de esta abuelita.

—¿Me recuerda señor Claudio?

—Por supuesto. Una bella abuelita jamás podría olvidarla.

—Quería contarle que hice lo que me sugirió. Primero fui a misa, muy temprano. Cuando terminó, me quedé sentaba en el banco para agradecer a Dios tantas gracias que a diario nos da y no las vemos. Las personas salían de la iglesia, pero yo me quedé en silencio, rezando, agradeciendo. Luego fui al oratorio donde tienen el sagrario. Me quedé una hora acompañando a Jesús. Debo decirle que fue uno de los mejores momentos que he tenido en años. Ni siquiera sentí el tiempo, que voló, se me hizo muy corto. Ahora cuando voy al oratorio donde está Jesús Sacramentado, sé que será la mejor hora del día. Con Jesús, ante el sagrario me siento amada, protegida, escuchada, consentida. Tenerlo a Él en los sagrarios del mundo, es un tesoro que se nos da. Me siento tan feliz.

Llegó un momento en mi vida, que me encontré en una encrucijada. Sentía que Dios me pedía algo en particular: Escribir. Contar mis experiencias en su Amor.

Era algo extraordinario, vivencias de las que yo mismo me asombraba. Las promesas del Evangelio se cumplían una y otra vez. Me preguntaba a menudo: *"¿Sabrán todos lo que es este inmenso tesoro?"*

He comprobado que vale la pena vivir en la presencia de Dios. Que Él valora mucho nuestra confianza. Que le agrada cuando guardamos el estado de gracia. También me he dado cuenta que las promesas del Evangelio se cumplen. Qué inmenso tesoro tenemos los católicos a nuestro alcance.

¿Piensas mucho en hacer negocios y
tener fortuna? Tu mejor negocio es
salvar tu alma.

Consejo práctico: *"Pasa más tiempo a solas con Dios. Tú y Él. Y escúchalo."*

REZA POR MÍ

Una muchacha me dijo hoy, por la tarde:
—Soy católica.
Me alegré mucho y le pregunté inocentemente:
—¿Vas a misa?
—No.
La miré sin comprender.
—Asisto a un culto protestante —me explicó.
Le pregunté con amabilidad:
—¿Cómo es eso?
Luego de un silencio prolongado y de mirarme inquieta, me confió:
—Es que allí tuve un encuentro con Jesús.
—¿Sabías que puedes tener un verdadero encuentro con Jesús en la Eucaristía?—le pregunté.
Y continué diciéndole:
—Cada vez recibes la comunión, recibes a Jesús, parece un pedacito de pan, pareciera, pero... ¡es Jesús! ¡Está vivo! y te espera con ilusión, con ternura, con el amor infinito que le hizo dar su vida por ti... No es un Jesús que creas haber sentido o recibido. Lo puedes tocar, comer, tenerlo en tu corazón, vivir con él, vivir para él. Él mismo te lo asegura: "Yo soy el pan vivo que ha bajado del cielo. El que coma de este pan vivirá para siempre". —Jn 6,51

Cuando terminamos de hablar, me prometió que reflexionaría y seguramente me haría una llamada telefónica, para darme una buena noticia.

Recuerdo la homilía de un sacerdote que me impresionó mucho. Al terminar la misa fui a la sacristía y le dije: "Gracias por ser sacerdote". Me miró conmovido, tomó mis manos entre las suyas y me dijo:
—Rece por mí.

Me dejó impactado. ¿Un sacerdote me pedía que rezara por él? En ese momento no lo comprendí. Fue algo en lo que pocas veces pensé. Siempre imaginé que eran ellos quienes rezaban por nosotros. Los veía como seres apartes, distantes, diferentes, cerca de Dios. Nunca los había visto en su humanidad, necesitados de oraciones y de afecto por la comunidad. Hace poco en Colombia un sacerdote muy conocido por sus libros y sus predicaciones en la radio, televisión y las redes sociales, dejó el sacerdocio, porque "se sentía muy solo". La soledad lo estaba acabando.

¿Por qué es importante un sacerdote? ¿Por qué debemos protegerlos con nuestras oraciones? San Josemaría lo describió con claridad ara que todos entendiéramos: "Cristo, que subió a la Cruz con los brazos abiertos de par en par, con gesto de Sacerdote Eterno, quiere contar con nosotros —¡que no somos nada!—, para llevar a "todos" los hombres los frutos de su Redención.

—Sé santo —solía aconsejarme un sacerdote - Que de ti se diga: "pasó por el mundo haciendo el bien". No manches tu alma con el pecado que ofende a un Dios tan bueno.

No comprendo cómo muchos abandonan la Iglesia de Jesús sin detenerse a meditar en lo que hacen. Se dejan llevar por un sentimiento de alegría pasajera al sentir que han encontrado su camino en otro lado, donde los reciben con alegría y les dan esperanzas humanas. Otros se perturban, dudan de su fe y se alejan, cuando leen en los diarios los escándalos difíciles de entender cómo ocurrieron y los ataques que muchas veces infundados, con información falsa, que lanzan contra la Iglesia católica. He visto muchos de estos casos. Los hacen circular en las redes sociales. Nos parece increíble que haya podido ocurrir, pero no nos detenemos a buscar la verdad.
Un sacerdote ha caído, se dejó llevar por su débil humanidad y muchos que tienen una fe vacilante caen con él. Los juzgan a todos, por uno que pecó.

Y olvidan a los miles que dan acompañamiento espiritual a los enfermos, los moribundos, que nos ayudan a recuperar la gracia santificante y la serenidad y la paz interior.

Son los escándalos de la iglesia que nos restriegan a los católicos. Duele, es verdad, pero no es el fin... Conozco muchos santos sacerdotes y sé de miles más que viven su fe, dan testimonio y son hijos fieles nos muestran el rostro de Jesús. Entre los mártires de Barbastro que murieron al grito de ¡Viva Cristo Rey!, había seminaristas y sacerdotes. El Beato Miguel Pro, mártir mexicano, murió por ser sacerdote, el padre Damián quien se aisló del mundo para dedicar su vida a los leprosos, y falleció con esta terrible enfermedad, era sacerdote católico...

¿Tiene algo especial la Iglesia católica? Oh sí, muchísimo. Eres miembro de una Iglesia que ha visto florecer santos por doquier, en todas las épocas. La lista es interminable. Nuestra Iglesia es Una (Cristo fundo una sola Iglesia), y santa (por su fundador, Jesús, que es santo), católica (porque está dirigida a la salvación de todas las personas y es Universal), Apostólica (porque tiene sucesión apostólica desde Pedro hasta nuestros días), y Romana (porque su sede está en Roma). Y hay más aún: en ella encuentras a Jesús Sacramentado, que te espera en el sagrario; escuchas y meditas la Palabra de Dios escrita (la Biblia) y no escrita (la Tradición apostólica), recibes los sacramentos que son fuentes inagotables de gracia; tienes un encuentro con tus hermanos mayores, los santos; y con María Santísima, nuestra madre del cielo.

He pasado inquieto Señor. Eres tan maravilloso, superas todas nuestras expectativas, nos llama a cada uno por nuestro nombre y nos pides que te amemos y vivamos el Evangelio. Eres el buen Pastor, tus ovejas escuchan tu voz, pero a veces nos perdemos en el camino, señalamos, acusamos, vemos la paja en el ojo ajeno y no la viga clavada en el nuestro.

No tengas miedo. Todo pasa.
Esto también pasara.
Dios nunca te va a desamparar.

TIEMPOS DE CONFUSIÓN

En estos tiempos de confusión y oscuridad, estamos necesitados de la Misericordia de Dios. Por ello debes acudir a las Sagradas escrituras, lee las profecías, lo que vendrá inevitablemente. Necesitas perseverar en tu fe y amar como Dios te pide, para salvarte y si flaqueas, o te llenas de dudas, pídele a Jesús: "auméntame la fe". Y Él, seguro te lo concederá encantado.

Recalcar e indicar a todos que eres católico seguido de un "pero", no fortalece tus creencias, ni hace absoluta y cierta tu sentencia, ni le da valor. Demuestra que necesitas un guía, un Director Espiritual que te oriente. Él te ayudará a descubrir la voluntad de Dios en tu vida, tu propósito. ¿Buscas la Verdad?, ¿llevas una inquietud por dentro? ¿Te falta la certeza de la fe? No estás solo, miles se sienten como tú en este momento de tantas incertidumbres. Es preocupante porque salta como un león rugiente que nos aleja de la vida espiritual, nos dice que algo no anda bien en nuestras vidas. Tal vez fuimos afectados o decepcionados por el triste comportamiento de algunos católicos que debían darnos testimonio con sus vidas y han hecho lo contrario.

Cuánto daño y dolor pueden ocasionar a los demás con su mal ejemplo. ¡Misericordia Señor! Sin embargo, la fe es un asunto personal, entre tú y Dios.

No debe debilitarse por el mal ejemplo de los demás. Al contrario, debes persistir y fortalecerte. Parece que vivimos en un mundo conflictivo. No juzgues un bosque por un árbol que ha caído. Hace mucho bien en estas condiciones el contemplar a Jesús en la cruz. Viéndolo allí, sufriendo por tus pecados, por ti, te verás inspirado a amarlo en verdad por todo lo que hizo y podrás perdonar y olvidar el daño que nos hacen o nos han hecho.

Como católicos se nos pide algo muy difícil. ¿Eres capaz de perdonar las ofensas? Jesús te pidió hacerlo no hasta 7, sino hasta 70 veces 7. ¿Podrás hacerlo? No solo perdonar, sino también olvidar. Si no puedes o no te sientes capaz, reza. Dios aclarará tu camino y lo va a iluminar.

Debemos rezar, con la certeza que Dios escucha nuestras oraciones y nos mira complacido desde el cielo. En estas circunstancias se prueban nuestra entereza, humildad, templanza y nuestra fe. Yo diría, si me preguntan por mi fe, que podría contestar: "En mi familia hay hebreos, evangélicos, incluso tengo primos que son rabinos. **Soy católico por decisión propia, me siento un católico feliz.** Deseo vivir y morir católico, por la gracia de Dios".

Le debemos fidelidad a la Iglesia, podremos lograrlo rezando los unos por los otros, amando, perdonando, viviendo el Evangelio, reconociendo la presencia de Jesús, y las acciones de la gracia santificante que no cesa, a pesar de lo que somos y hacemos.

He visto a laicos y religiosos que iban camino a la santidad, de pronto caer en el despeñadero, y pasar el resto de sus vidas dudando, confundidos, perdiendo la certeza de su fe. Te lo repito, sin la oración estamos perdidos. También he visto cosas sorprendentes, grandes milagros, los efectos de la gracia, la presencia VIVA de Jesús en su Iglesia. He visto los efecto de los sacramentos en las personas, y cómo sus vidas han sido sanadas, transformadas, con el amor de Jesús. Supe de este argentino moribundo por un cáncer terminal que le ha consumido el cuerpo. Va a un oratorio, se arrodilla ante Jesús en el sagrario, le pide la gracia, al día siguiente amanece sano y dedica los siguientes 10 años a servir a los demás y a la Iglesia, como catequista de adultos en su parroquia.

"También la Iglesia, hermanos, es la posada del viajero, donde se cura a los heridos durante esta vida mortal; pero allá arriba tiene reservada la posesión de la herencia".

—San Agustín.

¿QUÉ ES UN CATÓLICO?

La palabra católico viene del griego *Katholikos*, que significa "Universal". Transitamos el mundo en busca de la Verdad, el Camino y la Vida. San Agustín lo explicó con estas maravillosas palabras: *"Nos hiciste, Señor, para ti, y nuestro corazón está inquieto hasta que descanse en ti"*.

Un católico es un discípulo de Cristo, que actúa y deja huellas en la Iglesia católica. Cree y vive las enseñanzas de la Iglesia y nuestra fe cristiana, siguiendo los pasos de Cristo. Lleva vida sacramental, participando con frecuencia de los sacramentos, particularmente la Eucaristía y la confesión sacramental, dentro de los 7 sacramentos. Procura ser un ejemplo con su conducta santa, siendo un reflejo del amor de Jesús, perdonando, amando, siendo misericordioso. La Iglesia es Madre y maestra, necesitamos de ella, sus consuelos, palabras, y su sabiduría y caricias maternales, y abrazos. En estos tiempos oscuros de dudas, confusión e incertidumbre, estamos urgidos de su guía. "Perdónanos Señor, nos prometiste la vida eterna, nos diste la gracia santificante y la despreciamos por las cosas de este mundo, por nuestro orgullo sin sentido. Perdona Señor tantas ofensas".

¿Por qué ocurre? ¿Por qué un católico reniega de las enseñanzas de la iglesia? ¿Cuánto pesa ese "pero" en sus vidas? ¿Cuál es el motivo? Estoy convencido que nadie lo hace con una mala intención, está en su naturaleza decirlo. Tal vez desconocen la fe, desde sus raíces, y lo que todo católico debe vivir y hacer para llegar a la plenitud en el Paraíso. Hay temas de los que pocos hablamos en la iglesia, ignoro por qué, pero es tiempo de abrir el compás y exponerlos sin temor, abiertamente, para trascender lo humano y llevarnos a Jesús.

Hace falta en el mundo católico, la experiencia de Jesús VIVO, experimentarlo, conocerlo más, para amarlo y seguirlo, arrepentidos, buscando la paz, la salvación de nuestras almas.

Tenemos que aferrarnos a nuestra fe, bajo el abrazo protector de nuestra santa Madre Iglesia, la católica, porque: "…vendrá un tiempo en que los hombres no soportarán la doctrina sana, sino que, arrastrados por su propias pasiones, se harán con un montón de maestros por el prurito de oír novedades; apartarán sus oídos de la verdad y se volverán a las fábulas."
—2 Timoteo 4, 3-4

¿CRISTIANOS O CATÓLICOS?

"Una gota de humildad, dos cucharaditas de misericordia, un gesto de agradecimiento a Dios, un rato de oración y todo será mejor".

Paz y bien. Somos ambos, católicos y cristianos. Somos católicos, pero también somos cristianos por ser seguidores de Cristo. Y para ser seguidores suyos, debemos conocerlo, saber qué dijo, cómo vivió, qué nos pidió hacer y esto lo aprendes en las Sagradas Escrituras leyendo y estudiando el Evangelio, la buena Nueva.

"Ser católico supone creer lo que enseña la Iglesia que es santa, Madre y Maestra".

Como católico debes estudiar tu santa religión, conocerla y vivirla. Y estar consciente de estas verdades de nuestra fe:

1. La existencia de Dios, Uno y Trino.
2. La Divinidad de Nuestro Señor Jesucristo.
3. La Autoridad Divina de la Iglesia.

Hay documentos y libros que todo católico debe leer para su crecimiento espiritual.

Cuando alguien me entrevista en una emisora de radio o un semanario católico suelo recomendar, además de la lectura daría y reflexiva de la santa Biblia y el estudio del Catecismo de la Iglesia, unos libros maravillosos de gran espiritualidad que me han ayudado en mi camino de la fe.

1. **Imitación de Cristo**, de Tomás de Kempis.
2. **Historia de un alma**, de Santa Teresita del Niño Jesús.
3. **Confesiones**, de San Agustín.
4. **Diario**, de santa Faustina.
5. **El Combate Espiritual**, de Lorenzo Scupoli.

La lectura de estos libro te abrirán el "apetito" por la lectura espiritual y querrás leer otros libros extraordinarios que esperan por ti, como las obras de Don Bosco, san Josemaría Escrivá, san Alfonso y otros escritores de nuestra fe católica. Si lees las biografías de los grandes santos de nuestra Iglesia encontrarás temas en los que todos coinciden y que nos sirven de guía para vivir nuestra fe como verdaderos católicos. Ellos tenían:

- Una fe robusta, impresionante.
- Una alegría contagiosa.

- La certeza de Dios.
- La amistad con Jesús.
- Una devoción especial por san José.
- Una confianza plena en nuestra Madre del Cielo
- Una relación cercana con su Ángel de la Guarda.
- Ratos de oración profunda.
- Cuidaban su estado de gracia como un tesoro.
- Vivían para hacer el bien.
- Amaron al prójimo.
- Fueron misericordiosos con todos, incluso con aquellos que les hicieron daño.

Seis meses de encierro por esta cuarentena han sido lo suficientemente fuertes como debilitar la espiritualidad de cualquier católico que no viviera en la presencia amorosa de Dios, una vida sana de oración frecuente y una fe sólida, capaz de resistir las tormentas. Fueron seis meses sin recibir los sacramentos, viendo la misa por televisión o en el ordenador. Siempre pensé que nos urgían los sacramentos como pueblo de Dios, recuperar las actividades cotidianas, normalizar nuestras vidas, volver la mirada al cielo.

En el libro "La Imitación de Cristo" de Kempis encontré esta reflexión: *"¿Por qué miras a todos lados, no siendo éste el lugar de descanso? Tu morada deberá ser la de los cielos. Por eso, hay que ver todas las cosas de la tierra como quien va de paso. Todas las cosas van de paso. Tú también vas de paso con ellas"*.

Vamos de paso, pero con una misión que Dios nos encomienda. Esto siempre me ha llenado de alegría. Saber que para Dios somos importantes. *"No temas porque yo te he rescatado, te he llamado por tu nombre, tú eres mío"*. (Is 43,1) Y esta misión es lo que he tratado de descubrir, haciendo lo que sé hacer: escribir, sabiendo que le pertenezco a Dios.

Tomas de Kempis nos da este sabio consejo: "Acuérdate frecuentemente de aquel dicho de la Escritura: "No se harta la vista de ver ni el oído de oír" (Ecl 1,8). **Procura, pues, desviar tu corazón de lo visible y traspasarlo a lo invisible…"**

~~

¿QUÉ SÉ DE LA IGLESIA?

"Y yo a mi vez te digo que tú eres Pedro, y sobre esta piedra edificaré mi Iglesia, y las puertas del Hades no prevalecerán contra ella. A ti te daré las llaves del Reino de los Cielos; y **lo que ates en la tierra quedará atado en los cielos**, *y lo que desates en la tierra quedará desatado en los cielos."*
—Mateo 16, 18-19

Soy católico, pero… *¿Qué sé de mi Iglesia?* En el Credo repito que es "Santa, Católica y apostólica". Yo, a pesar de provenir de una familia hebrea, de madre católica, siempre me he sentido acogido en la Iglesia, como un hijo predilecto de Dios. Nuestra Iglesia como Madre y Maestra da a los católicos cinco preceptos para que los fieles puedan cumplir con lo mínimo indispensable en relación al espíritu de oración, la vida sacramental, al esfuerzo moral que deben hacer en sus vidas cotidianas y al crecimiento en el amor a Dios y al prójimo que es la base de todo: "Amar a Dios sobre todas las cosas y al prójimo como a uno mismo". —Mateo 22

Si lees sus preceptos te das cuenta que son de sentido común para que no se marchite y florezca tu vida espiritual.

Preceptos de la Iglesia Católica

1° Oír Misa entera todos los domingos y feriados religiosos de precepto.

2° Confesar los pecados mortales, por lo menos una vez al año, cuando se ha de comulgar y en peligro de muerte. Sin la gracia santificante estamos perdidos.

3° Comulgar una vez al año, preferentemente en tiempo pascual.

4° Ayunar y abstenerse de comer carne cuando lo manda la Santa Madre Iglesia.

5° Contribuir al sostenimiento de la Iglesia, en la medida de las posibilidades de cada uno. Este precepto incluye ayudar a los pobres en sus necesidades espirituales y materiales. No debemos olvidar que, "el pobre es Cristo".

El sábado recibí por las redes sociales el video de un sacerdote de mi país. Se quejaba de la indiferencia de muchos fieles hacia su iglesia y los sacerdotes, contaba sus experiencias en el sacerdocio. Al terminar agradeció a una familia maravillosa que lo ha acogido como una más, brindándole aprecio y cariño. Una vez al mes lo invitan a comer con ellos, y lo hacen parte de su familia. Me llamó la atención este gesto de gratitud. Reflexioné mucho en ello. De mi párroco no sé siquiera el día de su cumpleaños. ¿Cómo es posible? Creo que es hora de cambiar actitudes en nuestras vidas y pensar más en los demás.

Hace poco me enviaron una prueba de conocimientos, de la práctica de la vida cristiana que todo católico debe conocer y manejar al dedillo, por ser parte de nuestra vida cotidiana de fe. ¿Te animas a intentarlo? Responde. ¿Cuáles son?...

- Los 7 Sacramentos.
- Los 10 Mandamientos.
- Las 3 Personas de la Santísima Trinidad.
- Las 7 Obras de Misericordia Espirituales.
- Las 7 Obras de Misericordia Corporales.
- Los 7 Pecados Capitales.
- Los 5 Mandamientos de la Iglesia.
- Los 7 Dones del Espíritu Santo.
- Las 4 Virtudes Cardinales.
- Las Condiciones para hacer una buena Confesión.

- Los 12 Apóstoles.
- Los 4 Evangelistas.
- Las 8 Bienaventuranzas.
- Las 14 Estaciones del Vía Crucis.
- Los 20 Misterios del Santo Rosario.
- Las 3 Virtudes Teologales.
- Las 3 Condiciones del Pecado Mortal.
- Las 7 Palabras de Cristo en la Cruz.

¿Qué tal te fue? No te desanimes. Yo no salí muy bien parado. En lo que mejor salí fue en los preceptos o mandamientos de la Iglesia que te acabo de explicar. Para responder el resto tuve que acudir a Google, para buscar las respuestas que me faltaban. Me he prometido instruirme más, leer más, pero, sobre todo, dedicar más tiempo a la oración con el santo Rosario, que tanto agrada a nuestra Madre y nos lleva a transitar los caminos y la vida de Jesús.

El Rezo del Rosario hará milagros en tu vida. A mí me da mucha paz y lo rezo sobre todo cuando atravieso un difícil problema al que no encuentro solución o cuando me siento desanimado o preocupado.

¿POR QUÉ ERES CATÓLICO?

Soy católico, es verdad, toda la vida lo he sido. Pero nunca antes me había cuestionado como ahora. Me han hecho muchas preguntas sobre mi fe. Pero jamás una como ésta: *"¿Por qué eres católico?"* No deseaba darte una respuesta sencilla: "Porque me bautizaron al nacer".

O tal vez:

— Porque mis padres son católicos.

Buscaba una respuesta en lo profundo de mi corazón. Una respuesta venida desde la fe. Que no fuera simple teoría, de la que encontramos en los libros. Un amigo, con el que me escribo me mandó esta reflexión que puso más sal a la herida.

— Hoy me comprometo a vivir el Evangelio en mi vida. Sólo por hoy. ¿Me acompañan?

— Oh sí — le respondí —. Te acompaño.

Y luego continuó:

—¿Quieres ser el primero? Hazte el último. Ponte a disposición de tu prójimo. ¿Quieres servir? Sirve tú primero. Despréndete de todo tipo de soberbia y orgullo, para que la gloria sea de tu Señor y Dios.

¿Deseas saber la verdad? Lo que más deseo, lo que anhelo, por lo que cambiaría todos mis logros, es esto: ***tener contento a Jesús. Mi gran amigo.***

Si el día de hoy se me apareciera Jesús y me preguntara: *"Dime Claudio, ¿qué deseas?"* Le respondería sin dudarlo: *"Te quiero a ti. No pido más, y contigo vivir mi fe"*. Me gusta decirle como san Felipe Neri: *"Oh Señor, que eres tan adorable y me has mandado amarte, ¿por qué me diste tan solo un corazón y éste tan pequeño?"*

Ya lo sé, a veces soy un poco diferente a los demás. No imaginas cuántas veces me lo han dicho. Pero no puedo evitarlo. Por dentro llevo un fuego que me consume, que me impulsa a escribir y hablar de Jesús. Es como si una voz interior me urgiera diciendo: *"Escribe"*.

Viendo mis libros, una dulce monjita me preguntó ayer:
— ¿Por qué escribe?
Y le respondí:
— Porque Jesús tocó mi corazón.

Cualquiera podría decirme: *"¿Acaso te crees un santo?"* Recuerdo la respuesta que alguien dio a una pregunta similar: *"Todos somos santos en camino"*. Ojalá fuera santo y ojalá lo fueras tú también. Porque la santidad no es otra cosa que amar mucho, profundamente a Dios y a los demás.

¿Qué más deseo? Quisiera tener un corazón de niño. Volver a la pureza de corazón. Disfruto mucho viendo a los niños. Me hacen comprender por qué Jesús nos dijo que de ellos es el Reino de los Cielos. Son tiernos. Puros. Inocentes. En ellos no hay pecado.

Quisiera ser misericordioso, para recibir la Misericordia de Dios y pasar la eternidad a su lado. ¿Por qué? Porque lo quiero mucho. Ha sido siempre un Padre bueno conmigo y con todos los que he conocido. Alguien podría decirme: "¿Para qué piensas estas cosas si te quedan muchos años de vida?" Sé que probablemente así será. Pero la ida apenas es un suspiro. Y yo quiero que este suspiro sea todo, lo que me resta, haciendo algo bueno, que valga la pena, para Él y por Él. ¿Comprendes a lo que me refiero?

Mi vida estaba llena de inquietudes. Y aun así buscaba mis respuestas en lo cotidiano. ¿Realmente me comporto como un católico? ¿Vivo el Evangelio? ¿Doy testimonio de mi fe? ¿Soy un verdadero católico? ¿Correspondo al amor de Jesús? He meditado por semanas, sobre todo viendo las personas que abandonan nuestra santa religión. Y me he llenado de preguntas.

¿Por qué lo hacen? ¿Conocen acaso los tesoros de nuestra fe? ¿Conocen la doctrina de la Iglesia Católica? ¿Están decepcionados de sus hermanos? ¿No han encontrado lo que estaban buscando? ¿Alguien les dio un mal ejemplo? Para ellos y para mí decidí responder la pregunta original. Por eso hoy tienes este librito en tus manos. Necesitamos descubrir dos cosas fundamentales, lo que podemos hallar en el seno de nuestra Iglesia y cómo puede ayudarnos a salvar nuestras almas y darnos cuenta del amor inmenso que Dios tiene por nosotros, a pesar de lo que hacemos. Sí, Dios te ama y muchísimo.

Me encanta esta reflexión que escribió sor María Romero:

"Nada en el mundo puede satisfacer
al que se contenta con Dios.

El que tiene el amor de Dios no tiene ya temor, ni deseo, ni ánimo, ni alegría, sino para Dios. Todos sus movimientos están confundidos en este único amor celestial. ¡Oh, qué buena cosa es no vivir más que en Dios, no trabajar sino para Dios y no alegrarse sino en Dios!"

Me ha ocurrido así. En ocasiones mi corazón está repleto de Dios. Y quisiera alejarme del mundo para estar con Él. Y disfrutar su presencia amorosa. Una certeza que te da paz y serenidad. Lo sabes presente porque el corazón se desborda con un gozo que no puedes describir. Es una alegría que nunca has experimentado. Sabes que es Dios. De alguna manera, lo sabes. Son momentos de dulzura que te regala, pedacitos del cielo, para animarte a continuar. Espero que en Él puedas hallar alguna respuesta. Y si eres católico vivas tu fe con devoción y des ejemplo a la comunidad. Y si te has ido, sepas que siempre podrás volver, porque en esta casa, te esperamos todos con los brazos abiertos.

Ahora supongamos que una mañana te sientas a desayunar, después de una noche de sueño acogedor. Tomas el diario dominical mientras te sirves el café y encuentras este curioso anuncio en la sección de clasificados:

SE BUSCAN: Católicos que sepan amar, que sean alegres, que vean a Jesús en los demás, y reconozcan que la vida es un tesoro, un regalo maravilloso de Dios.

TRABAJO: Llevar el Reino de Dios a los demás. Salvar almas. Devolver la esperanza a este mundo cansado.

SALARIO: La Vida Eterna.

Alguien podrá pensar:

—¿Será una broma? ¿Cómo trabajar si no te pagan en dólares?

—Amigo, te ofrecen la mejor paga de este mundo: "pasar la eternidad en el Paraíso". Es tan bueno este salario que muchos santos, en medio de sus tormentos y martirios, con sólo pensar en lo que Dios les tenía preparado en el Paraíso, se llenaban de ánimo y ofrecían sus cuerpos al verdugo para ser triturados como el trigo que ha de morir para renacer.

—Bueno, empieza a interesarme... ¿Y dónde puedo retirar una solicitud para este trabajo?

—En tu corazón, allí donde Dios te habla, y en tu alma, donde guardas la gracia olvidada y que has de recuperar mediante el sacramento de la reconciliación, con un arrepentimiento verdadero.

—¿Y las condiciones del trabajo?

—Están todas escritas en el Evangelio.

—¿Seré apto? A veces soy un poco débil, y me inclino al mal, con mis pensamientos y acciones.

—Dios te conoce. Sabe que eres de barro. Lo único que pide de ti es que quieras intentarlo. El resto, lo proveerá Él.

—No soy humilde.

—Lo llegarás a ser. Muchos santos tenían un carácter difícil y pidieron a Dios esta gracia.

—Pero tengo muy mal carácter.

—San Francisco de Sales tenía un carácter insoportable. Y dándose cuenta de ello le pidió a Dios que lo hiciera amable con todos. De esta forma, esforzándose, poniendo de su parte, y con la gracia de Dios, llegó a ser el santo de la amabilidad. Tan impresionante fue su cambio y su vida que Don Bosco quiso usar su nombre para la congregación que estaba fundando y por ello se llaman: *"Salesianos"*.

En conclusión: *"**Eres Apto**"*.

Dios no rechaza a nadie que venga con *recta intención*, con el deseo de encontrarlo y servirle. Lo importante es que seas honesto contigo mismo y con Él.

Pasa adelante y te daremos tu nuevo carné en el que se lee: *"siervo del Señor"*. No esperes a cambio favores, ni aplausos. Te harían mucho daño.

No podrás decir:

—Señor, mira todas las cosas buenas que hice por ti.

Porque solamente te dirá:

—Muy bien.

—¿Sólo eso?

—Recibiste tu premio en vida. ¿Qué más deseas? Buscaste ser adulado y lo conseguiste.

—No comprendo.

—Derrochaste un tesoro al buscar tu propia alabanza y no la de Dios.

—Pero en tu nombre hice muchas cosas buenas.

— ¿Acaso no lo sabes? No todo el que dice Señor, Señor, entrará en el Reino de los cielos, sino el que hace **la voluntad** de mi Padre.

Dios espera algo grande de ti: *"que correspondas a su Amor"*. Esto implica vivir el amor, en tu casa, en la calle, en tu trabajo; cambiar el mundo, por amor a Dios, con su amor. Morir cada día a nosotros y vivir en el corazón de Dios.

Ahora que lo sabes, porta tu identificación con alegría. Es sólo para ti, para que te acuerdes de la misión que emprendes al seguir los pasos del Maestro sirviendo con humildad, haciendo el bien.

"Cuando terminó de lavarles los pies, se puso de nuevo el manto, volvió a la mesa y les dijo: "¿Comprenden lo que he hecho con ustedes? Ustedes me llaman Maestro y Señor, y dicen bien, porque lo soy. Pues si yo, siendo el Señor y el Maestro, les he lavado los pies, también ustedes deben lavarse los pies unos a otros. Yo les he dado ejemplo, y ustedes deben hacer como he hecho yo. En verdad les digo: El servidor no es más que su patrón y el enviado no es más que el que lo envía. Pues bien, ustedes ya saben estas cosas: felices si las ponen en práctica".
—Jn 13

Jesús lo ha pedido. Ahora te toca hacerlo. En adelante actuarás como un *"siervo"*. Vas a colaborar en tu parroquia apoyando al sacerdote, animándolo cuando lo veas desanimado, que sepa que tiene un amigo sincero en quien confiar. Ellos guardan la santidad en vasijas de barro, y como nosotros también son frágiles y están expuestos a los peligros de este mundo.

—Darás ejemplo con una vida sencilla, haciendo el bien. Que la caridad y el amor sean parte de tu lenguaje.

—¿Qué hago? ¿Cómo empiezo?

El primer paso siempre será limpiar la casa; es decir: "tu alma"... en el Sacramento de la Reconciliación.

—Nada sucio ni manchado puede acercarse a Dios ni entrar en el Paraíso. Por eso es tan importante que empieces a preocuparte por tu salud espiritual. Si vives en estado de gracia, tu comunicación con Dios no tendrá barreras. Sé de personas que vivieron perdidas, sin sentido, hasta que reencontraron al Padre. Llevaban el alma muerta, le sonreían a la vida, pero un nudo de tristeza les apretaba el corazón. Se han confesado después de muchos años y compartieron conmigo esta hermosa experiencia que les devolvió su amistad con Dios.

"Qué bien me siento, es como si me hubiesen quitado un gran peso de encima", me compartió. "La carga era insoportable. Mi conciencia no me dejaba descansar, no dormía y apenas comía. Ahora tengo una Paz interior que nunca conocí. Ahora que he redescubierto la Misericordia de Dios, quiero experimentarla con más frecuencia. Tenía miedo de contarle al sacerdote los terribles pecados que llevaba en mi alma. La verdad es que me avergonzaba de mí mismo. El padre me trató con tanta delicadeza. Vi en él la caridad misma que proviene de Jesús. Decidí seguir los consejos del sacerdote. Ahora mi vida ha cambiado. Soy otro. Y me siento como nunca. No comprendo cómo pude vivir tantos años ocultando estos pecados, pensando que Dios no los veía. ¡Soy un hombre nuevo! ¡Qué alegría! ¡Puedo empezar una nueva vida!"

Son tantos los testimonios que conozco de personas que ahora son felices y viven mejor. *¡Dios no se deja ganar por nadie en generosidad!* ¿Te gustaría intentarlo? Créeme, notarás un cambio inmediato.

Una vez que te hayas confesado, el resto se te dará por añadidura. Reestablecerás tu conexión *"espiritual"* con Dios. Es una unión muy intensa, como la rama que sale de un tronco y recibe del mismo la savia que le da la vida. Con tu alma es igual. Estarás unido al Cuerpo Místico de Cristo y tendrás acceso a todas las gracias y tesoros de la Iglesia.

Nos encontramos frente a la gratuidad de Dios. Todo lo da porque le place hacerlo. No es algo que ganemos con nuestros méritos. No lo merecemos. Nuestro Padre lo hace por amor.

"No temas, pequeño rebaño, porque al Padre de ustedes le agradó darles el Reino. Vendan lo que tienen y repártanlo en limosnas. Háganse junto a Dios bolsas que no se rompen de viejas y reservas que no se acaban; allí no llega el ladrón, y no hay polilla que destroce. Porque donde está tu tesoro, allí estará también tu corazón". —Lucas 12, 32-34

Dice el refrán: *"Amor con amor se paga"*. Pero es tanto lo que Dios nos ama y lo que nos concede, que nuestra vida nunca será suficiente para retribuirle. Aun sabiendo esto, se complace en darnos cuanto le pidamos. Hay una relación con Dios, de Padre a hijo, que Él nos ofrece, tendiendo un puente entre el cielo y la tierra.

—Eres mi hijo —te dice conmovido —. Te he amado desde la eternidad.

Y nos extiende la mano con la esperanza que aceptemos acogernos en su amor de Padre. Dios es maravilloso.

¡Qué bueno eres, Señor!

NUESTRA META ¿CUÁL ES?

Hace poco le escribí al Padre Teófilo Rodríguez sobre los católicos, cómo debemos ser, cómo podemos reconocernos. Me gustó mucho su respuesta, por eso la comparto contigo. "Como decía don Bosco un calórico debe tener Tres amores, Amor a la Eucaristía, Amor a la Virgen María, y Amor al vicario de Cristo en la Tierra el Papa.

El querer una Iglesia a mi gusto aun cuando pueda ver las faltas humanas no desacredita a la Iglesia ya que mientras estemos en esta tierra la Iglesia militante será pura porque la asiste el Espíritu Santo. Si no fuera así ya en menos de dos mil años ya se hubiera destruido.

Pero al mismo tiempo es meretriz (en palabras de San Agustín, es decir prostituta o Pecadora) porque los miembros que la conformamos aquí en la tierra somos pescadores, aun cuando caminamos con esperanza de llegar a la santidad. Porque sin santidad nadie verá a Dios. Es por eso por lo que el llamado a la Iglesia en todos los tiempos es para todos los pecadores a que se conviertan. Porque el que éste sin pecado que tire la primera piedra.

Todos los santos fueron pecadores que luego se convirtieron/ lo que pasa es que hay gente en la Iglesia que olvidan ese aspecto y se pasan censurando más los defectos que las virtudes de la Madre Iglesia. A una Madre se debe amar en toda circunstancia buena o mala y esos es ser un auténtico católico."

La santidad es a lo que todo católico debe aspirar. Recuerdo haber leído en cierta ocasión que todos, tú y yo, somos santos en camino. Dios no te pide que seas rico, sabio o inteligente, sino que seas santo y vivas el amor. Haz buenas obras, da frutos de eternidad. Y nuestra meta como católicos, ¿cuál es? ¿cuál debe ser?

Hay una canción, que seguro conoces, que cantábamos de niños. Siempre me gustó. Nos traza el camino y la meta, hacia donde nos dirigimos. Te comparto tres estrofas que son hermosas. Te dicen quiénes somos, hacia dónde vamos y cuál es la meta.

> Nos hallamos aquí en este mundo,
> este mundo que tu amor nos dio;
> más la meta no está en esta tierra:
> es un cielo que está más allá.

> Somos los peregrinos,
> que vamos hacia el cielo,
> la fe nos ilumina:
> nuestro destino no se halla aquí.
> La meta está en lo eterno,
> nuestra patria es el cielo,
> la esperanza nos guía,
> y el señor nos lo enseña ya.

Tengo en mi billetera un carnet plastificado que hice hace algunos años. Dice. "Ciudadano del cielo". Del otro lado escribí:

> **"Soy católico. En caso de un accidente, llame a un sacerdote".**

~~~

Nunca lo olvides:

"Sin la oración estamos perdidos".

LAS ORACIONES DE UN CATÓLICO

Hay oraciones básicas que como católico debes conocer y rezar, después de la señal de la cruz. La vida de un católico se fundamenta en la oración. Bien decía el Padre Pío que "la oración es la llave que abre el Corazón de Dios". La vida me ha enseñado que sin la oración estamos perdidos. Te recomiendo aprenderte:

1. El Padre Nuestro.
2. El Ave María.
3. El Credo.
4. El Ángelus
5. El acto de contrición.
6. El Magníficat.
7. La oración al Ángel de la Guarda.
8. La Oración al Espíritu Santo.

Mi oración favorita es el santo Rosario, combina varias de las oraciones sencillas que un católico debe conocer y hacerlas parte de su vida de fe. El Rosario es Bíblico y te permite conocer la vida, pasión, muerte y resurrección de nuestro Redentor. Santa Teresita dijo sobre el rezo del Rosario iluminándonos el camino: "Con el Rosario se puede alcanzar todo. Según una graciosa comparación, es una larga cadena que une el Cielo y la tierra, uno de cuyos extremos está en nuestras manos y el otro en las de la Santísima Virgen. Mientras el Rosario sea rezado, Dios no puede abandonar al mundo, pues esta oración es muy poderosa sobre su Corazón".

Y san Francisco de Sales escribió estas consoladoras palabras que nos mueven a rezarlo: "Rezar mi Rosario es mi más dulce ocupación y una verdadera alegría, porque sé que mientras lo rezo estoy hablando con la más amable y generosa de las madres".

Una joven católica del Movimiento de los Focolares me escribió en una ocasión: *"*Tengo la completa seguridad de que este amor que una vez de niña llegué a sentir por la Santísima Virgen es el mismo amor que me rescató de las garras de una **vida frívola y vacía** y me ayudó a purificar mi propio corazón.

Creo que para comprender a María hay que conocer cómo es su corazón e imaginarla en profunda oración con Dios. Una mujer pura, **"la llena de gracia".** Por ahí comienza todo.

Dios pensó en la Santísima Virgen toda limpia, sin mancha de pecado alguno para que fuera la Madre de Dios.

Pero también la pensó y la creó así para que cada mujer pudiera por medio de este gran modelo y su imitación irse convirtiendo en la mujer que está llamada a ser de acuerdo a su misión y propósito en el mundo. Esa misión está relacionada con el amor, los valores, la unión entre las personas, la paz, la inteligencia emocional si se quiere.

Conocer a María por medio de la meditación del Santo Rosario es reconocer nuestra esencia femenina y acercarnos a su amor maternal. Al contemplar la vida de Jesús con él rezo del mismo.

El 13 de mayo de 1917 la Virgen en Fátima le dijo a los niños videntes: **"Rezad el Rosario todos los días para alcanzar la paz del mundo y el fin de la guerra"**.

El Rosario es una de las oraciones más Cristo céntricas que existen. Gira en torno a su vida, muerte y resurrección. Rezar el Rosario es comprender de que está hecha el alma: del mismo Dios y al mismo Dios vuelve en esta contemplación. La pureza de la Virgen es la pureza de Dios. ***Ella es toda pura y toda santa porque todo puro y todo Santo es Dios.*** No sé de qué otra forma explicarlo. En lo personal a mí me gusta mucho meditar cada misterio y cada cuenta conscientemente, tan conscientemente que me gusta apretar cada cuenta al rezarla y permito que sea la Santísima Virgen la que me lleve a la vida íntima de Dios y me descubra el asombroso misterio de Dios, de su amor por ti y por mí."

El Credo también forma parte de mi vida de oración. No siempre fue así. A menudo recuerdo con gran afecto a un anciano y sabio sacerdote con el que solía confesarme. Me escuchaba atento, meditaba mis palabras y sacaba conclusiones y consejos asombrosos para el bienestar de mi alma.

Un domingo me recomendó: "Esfuérzate por vivir el Evangelio, sé generoso, misericordioso, perdona todo. Que de ti se diga: *pasó por el mundo haciendo el bien*".

Es curioso, de penitencia siempre me indicaba que debía rezar un credo. Sabía que al rezarlo reafirmaba los dogmas de mi Fe, pero nunca entendí por qué hacía esto. "Seguro desea que conozca los principios y el contenido de mi fe", pensaba, pues en el Credo está todo aquello en lo que debemos creer como católicos.

Le pedí a Jesús que me iluminara y una noche tuve un sueño. Había muerto y llegué a las puertas del cielo. Estaba asombrado viendo aquellas maravillas. Alí me recibió san Pedro.

—Traes las manos vacías. No puedes entrar— me dijo contundentemente.

Miré mis manos y no llevaba ninguna obra de amor. Iba a desesperar, aterrado, no quería irme al infierno y entonces se me ocurrió decirle:

—Soy católico.

—No lo pareces. ¿Un católico sin obras de amor?

Guardé silencio unos minutos ante esta certera observación. Entonces, en el sueño, recordé aquél anciano sacerdote que me mandaba rezar el Credo de penitencia y comprendí sus motivos.

—Puedo probarlo —respondí.

—Tienes la oportunidad —respondió san Pedro.

Y empecé lentamente a rezar el Credo.

> *Creo en Dios, Padre Todopoderoso,*
> Creador del cielo y de la tierra.
> Creo en Jesucristo, su único Hijo,
> Nuestro Señor,
> que fue concebido por obra
> y gracia del Espíritu Santo,
> nació de Santa María Virgen.

Y a medida que rezaba el credo, las enormes y pesadas puertas del cielo empezaron a abrirse. Cuando terminé de rezar el credo, con profunda devoción, las puertas del cielo terminaron de abrirse de par en par y crucé a la eternidad.

~~

DE PEQUEÑO

Recuerdo que, de pequeño, mi mayor ilusión era agradar a Jesús, tenerlo contento. Las monjitas nos hablaban de la santidad y el amor de Dios con una ternura infinita. Y me sentía transportado, feliz de estar allí, escuchándolas. Siempre pensé que podríamos llegar a ser como estos santos de los que nos contaban sus vidas.

Bastaba un pequeño esfuerzo de nuestra parte, tener constancia, fe, caridad. Tenía a mi favor la gracia sobrenatural que abunda en los niños, su sencillez y generosidad, la pureza del alma y la mirada amorosa del Padre celestial. Frente a mi casa vivían las Siervas de María. Tenían una capilla hermosa y acogedora. Solía cruzar para asistir a la misa de 6 a.m. antes de irme a la escuela. La misa diaria llenaba mi alma infantil de alegrías sin límites. Cuando recibía la comunión sentía el abrazo tierno del amigo bueno, el amor de los Amores. En esos momentos maravillosos, no me cambiaba por nadie. Decía san Buenaventura: *"Hay en la Santa Misa tantos misterios como gotas de agua en el mar, como átomos de polvo en el aire y como ángeles en el cielo. No sé si jamás ha salido de la mano del Altísimo misterio más profundo"*.

Me parecía lo más natural ir a misa, como estudiar, jugar, comer. Tenía la certeza que Jesús estaba en el Sagrario, esperándome ilusionado, deseoso de verme, encontrarse conmigo. Seguramente me miraba y sonreía. Aquello era para mí un misterio insondable y hermoso. Durante los recreos subía a una capilla que ocupaba el primer piso de mi escuela. Me encantaba estar con Él. ¿No era lo más natural? Sabiendo que Jesús se encontraba allí, ¿cómo no visitarlo? Jesús pronto se convirtió en mi mejor amigo. Otro amigo entrañable fue mi ángel de la guarda. Sentía su presencia viva al lado mío, para protegerme y guiarme por el sendero del bien.

Hace poco un sacerdote me hizo recordar aquella hermosa capilla de la infancia a la que acudía con frecuencia. Me encontraba admirando un oratorio. En realidad, era una capilla muy pequeña, pero acogedora. Pensaba en la grandeza y la humildad de Jesús, tan tierno, tan nuestro, amándonos sin reservas. El padre entró al oratorio se me acercó silencioso y dijo con amabilidad: *"Ésta es la antesala del cielo"*. *"Es verdad"*, le respondí ilusionado, *"es un lugar maravilloso"*. La casa de Dios. La antesala del cielo. A menudo lo recuerdo y pienso en ello.

LOS MOTIVOS DE MI FE

"Todos, tú y yo, somos santos… en camino".

Aquella luminosa mañana mi papá me llevaba de la mano por el patio interior del colegio Paulino de San José en Colón, mi ciudad natal. Colón es una localidad costera, construida sobre coral, con su calles perfectamente trazadas, donde se respiraba el aire marino y soplaba una brisa fresca la mayor parte del año, excepto cuando llovía con lluvias interminables que inundaban las calles y las convertían en ríos.

Caminaba lleno de dudas y temores mirando a mi alrededor. Era apenas un niño de 7 años. Vestía pantalones cortos azules, una camisa blanca manga corta y una corbata añil que se ajustaba sola al cuello de mi camisa. Aquel patio inmenso como un océano pronto me iba a separar de la seguridad de su mano. Me miró sonriendo. "Te va a ir bien", me dijo y me obsequió un llavero multicolor.

Después entré al salón de clases, me asignaron una banca y me senté. Aquél era un colegio católico, regentado por unas monjas franciscanas llegadas de Estados Unidos y Suiza y mi papá era un judío sefaradita igual que mi abuelo Abraham Moses.

¿Cómo podían existir ambas combinaciones? Pasaron los años. Ahora soy católico por convicción. Y reconozco a Jesús como el Hijo de Dios y también mi mejor amigo desde la infancia.

¿Has sentido alguna vez cómo Jesús te llama? He notado que Jesús te habla de muchas formas. A veces en el silencio de un retiro espiritual. Otras veces, a través de la creación, con la belleza que te rodea. En ocasiones es como un cosquilleo en el alma, una necesidad imperiosa de seguirle. Te llenas de un entusiasmo como nunca sentiste, una alegría que te inunda. Es Jesús que pasa y te ha tocado el corazón.

Tengo amigos que han visto de frente a Jesús, en un pobre que les dice: "Ten piedad de mí". Y se llenan como de una ternura. Experimentan la presencia de Jesús, en medio.

Casi siempre, su presencia, su llamado, van acompañados de una ola de ternura. Porque él es todo ternura. Jesús, siempre está cercano, pidiéndote que lo ayudes, que seas sus manos y pies, su boca, sus ojos, su ternura.

El año pasado, por ejemplo, me encontraba en un evento de la Iglesia, en un gimnasio, donde tenía expuestos mis libros. Duró todo el día.

Por la tarde hubo confesiones, exposición del Santísimo y terminó con la santa misa. Concelebraban varios sacerdotes, que repartirían la comunión, para poder llegar a todos en aquel lugar. En un momento de la Eucaristía, me encontraba distraído, de pronto sentí esta dulce voz que me decía: "Claudio, aquí estoy". Y experimenté el abrazo más tierno que jamás haya sentido. Una ternura infinita que se desbordaba en mi alma. Levanté la mirada sorprendido y vi a un sacerdote que en ese momento caminaba frente a mí. Iba rodeado de monaguillos. Llevaba, con gran solemnidad, un copón, repleto de hostias consagradas. Quedé impactado. Era Jesús, que pasaba y nos llamaba. Sólo atiné a decirle: "¡Qué bueno eres, Jesús!"

Parte de mi vida te la he mostrado en mis libros. Ahora te contaré el resto. Nací el 3 de julio de 1957 en Colón, una ciudad costera de Panamá. Fue construida sobre corales. Colón era en aquél entonces una ciudad estupenda. Podíamos salir por sus calles sin ningún peligro. Montaba bicicleta, pescábamos en la playa, trepábamos los árboles...

Estudié en el Colegio Paulino de San José. Unas monjas franciscanas lo administraban e impartían las clases. En ellas veía reflejado el amor de Dios, un Padre Amoroso y bueno. Recuerdo con agradecimiento sus sonrisas, sus miradas tiernas, el buen trato que tenían con todos nosotros. Me sentía feliz, protegido. Lo que disfrutaba más era cuando nos contaban historias de santos. Solía imaginar que podría llegar a ser como ellos, un santo, un héroe de Dios.

Mi papá era hebreo, como sus padres y abuelos. Le recuerdo alto y callado. Mi mamá es católica. Somos tres hermanos: Henry, Frank y yo. Me siento orgulloso de mis raíces hebreas. Recuerdo haber visto en la televisión una charla de San Josemaría Escrivá en la que decía emocionado: *"Mis tres grandes amores, son hebreos: Jesús, María y José"*. Mi abuelo solía llevarme de niño a la sinagoga de Colón, y a dar largos paseos por la playa. Mi tío Samuel, el hermano de mi papá, también era de dar paseos con nosotros y nos contaba historias de la familia que nos encantaban.

Mi mamá es costarricense. Gracias a esto, cada año pasábamos en Costa Rica los tres meses del verano. Nos quedábamos en la casa de mi abuela. Una casona de madera con dos pisos. Recuerdo el frío, los paseos dominicales con tío Julio y tía Marta, la Iglesia "La Dolorosa", las visitas vespertinas a tía Elsita y tía Flory para tomar el café de la tarde, el café recién cosechado y tostado, la mermelada casera... Pero sobre todas las cosas recuerdo a mi abuelita, sentada en su cama, desgranando las cuentas del rosario. Todas las tardes rezaba el santo rosario, luego tomaba el café. Ella imprimió en mi corazón esta devoción hermosa que tanto agrada a nuestra Madre del cielo. A los doce años trasladaron a mi papá y nos vinimos a la Capital. Panamá era un Mundo nuevo para mí. La vida te va cambiando, te lleva por rumbos que no imaginaste. Sin embargo, la bondad, el amor y la caridad, se preservan siempre en nosotros, a pesar de lo que podamos hacer y Dios los hace florecer cuando más lo necesitamos.

He descubierto esto: "No importa todo lo malo que hayas hecho, Dios siempre permanece a tu lado". ¿Cómo lo sé? Muy sencillo: "Un padre nunca abandona a su hijo. Y Dios es nuestro Padre". Muchas veces traté de escabullirme del llamado que Dios me hacía. Pero, ¿dónde puedes esconderte? No hay un lugar sobre la tierra ni bajo ésta en que te puedas esconder de su mirada... Dios te habla de mil maneras. Son tantas que te das cuenta, aunque no quieras hacerlo. Llega un momento en que comprendes y sólo te resta responder: "Aquí estoy Señor". Me casé con Vida (así se llama mi esposa, como la vida) y tenemos 4 hijos. Cada uno fue querido, pensado y esperado con ilusión. Sobre esta experiencia escribí un libro simpático que titulé "Aventuras de un Papá". He pasado cientos de problemas. Algunos muy serios. No estoy exento de ellos. Nadie lo está. Somos discípulos del crucificado y nos toca sufrir, para santificarnos, para parecernos un poquito a Jesús. He podido salir adelante gracias al buen Dios. Es algo increíble, por eso escribo sobre estas cosas, sobre el amor del Padre que se manifiesta en la vida cotidiana de cada uno de sus hijos. Sí, no en lo extraordinario, sino en lo que nos acontece en nuestro trabajo, en el hogar, en la calle. Nos pide ser santos donde estemos.

Cada vez que tengo un problema muy serio y no tengo fuerzas para resolverlo, paso por la capilla que está cercana a mi trabajo y le digo: *"Señor, no sé qué hacer. Te dejo este problema. Por favor, ayúdame"*. Al día siguiente, de la forma más insospechada, todo se soluciona. Me ocurre constantemente. Creo que Dios lo hace para enseñarnos a confiar. Mientras más confiamos, más nos da. Un amigo me lo confirmó una vez emocionado, cuando me dijo: *"Nadie le gana a Dios en generosidad"*.

Él se preocupa por nuestro bienestar económico, espiritual, familiar... nada escapa a su ternura y su amor de Padre. Es muy detallista.

Me encanta que sea así con todos nosotros. Está presente hasta en los detalles que parecen insignificantes. Recuerdo una vez que conducía el auto de noche. Llegué a una intersección. Un auto delante de mí no avanzaba. Tuvo muchas oportunidades para cruzar, pero no las aprovechaba. Empezaba a impacientarme e iba a tocar la bocina del carro cuando sentí una voz interior que me detuvo: "No lo hagas". Pensé para mis adentros: "Por ti, Señor, no lo haré". Esperé unos minutos y de repente se abre la puerta del auto, se bajó un muchacho y abrió la capota para revisar el motor. Entonces comprendí: ¡Su auto se le había dañado! Cuando lo cuento encuentro personas que se sorprenden. No pueden creer que estas cosas ocurran. Me basta decirles: "Haz la prueba, empieza a confiar en Dios". Es admirable. A los días se me acercan para contarme vivencias increíbles que les han pasado, "gracias a Dios". Aprenden a reconocer la presencia del Padre eterno en sus vidas. Y empiezan a cambiar.

Me parece haber leído un escrito de Chiara Lubich, la fundadora de los Focolares, decir: "El Evangelio se cumple". ¿Cómo será esto?, me preguntaba. Pasé unos años difíciles y la Providencia Divina no se hizo esperar. Recordé estas palabras cuando leí: *"No anden tan preocupado ni digan:¿tendremos*

alimentos?, o ¿qué beberemos?, o ¿tendremos ropas para vestirnos? Los que no conocen a Dios se afanan por estas cosas, pero el Padre del Cielo, Padre de ustedes, sabe que necesitan todo eso. Por lo tanto, busquen primero el Reino y la Justicia de Dios, y se les darán también todas esas cosas".
—Mt 3, 31-33

Yo estaba, como aún estoy, en esa búsqueda y nunca nada me faltó. Era verdad, el Evangelio se cumplía al pie de la letra "Den y se les dará". Daba lo que podía, y recibía mucho más.

Siempre estoy aprendiendo cosas nuevas. Hace poco me confesé y el buen sacerdote me dijo algo que nunca olvidaré: "Santo no es el que nunca cae, sino el que siempre se levanta". Te lo cuento para animarte a seguir, aunque hayas caído cien o mil veces. Mientras tengas vida, puedes encontrar la Paz interior, la esperanza, el amor, la caridad, y la santidad personal.

¿Cómo te puedes levantar de nuevo? Dios no ha escatimado medios para que lo logres: Tu ángel de la Guarda te ayuda siempre, tienes el auxilio de nuestra Madre celestial, las oraciones de la Iglesia, los sacramentos, el Amor del Padre.

CAPÍTULO DOS

JESÚS EN SU IGLESIA

Soñé que el diablo furioso me advertía: ***"Sé lo que has hecho. Has sembrado una semilla de amor."***

De pronto pensé que este debería ser el trabajo de todos, sembrar una semilla de amor.

EL INICIO

"En verdad les digo: No fue Moisés quien les dio el pan del cielo. Es mi Padre el que les da el verdadero pan del cielo. El pan que Dios les da es Aquél que baja del cielo y que da la vida al mundo". Ellos dijeron: "Señor, danos siempre de ese pan". —Jn 6, 32-34

Todo empezó con un sueño. A veces Dios te llama y no lo escuchas. Los ruidos del mundo ensordecen tu alma. Por eso en ocasiones se presenta en medio del sueño cuando el alma descansa y es más receptiva a las ternuras del buen Dios. Fue un sueño extraño. Apenas desperté, lo anoté en mi diario, para que no se me olvidara, por si algún día cobraba importancia.

"Una Hostia caía irremediablemente y nadie le prestó atención. Quedó tirada ante la indiferencia de todos. Yo no podía comprender lo que ocurría. Una Hostia Santa en el piso y nadie reaccionaba. Me adelanté y rescaté la Hostia. Hice una oración de reparación y luego le hablé a las personas sobre Jesús Sacramentado. "¿Acaso no saben quién está aquí?" pero no parecían comprender".

El día que vi caer en verdad una Hostia Santa, me paralicé. No podía creer lo que ocurría ante mis ojos. El tiempo transcurrió más despacio que de costumbre. Me pareció que caía lentamente como para darnos tiempo a reflexionar en lo que acontecía. Nada pude hacer. Estaba en fila detrás de una persona. El sacerdote se inclinó, la recogió del suelo y la consumió.

Me quedé pensando en esto. Ha caído el Rey de Reyes. ¿Qué hacer si volvía a ocurrir? Actuar como cuando cargaba la cruz y vino Simón de Cirene para ayudarlo.

Hubo una próxima vez. Estaba nuevamente en fila y la Hostia se resbaló de un copón que estaba muy lleno. Las cosas fueron diferentes. Esta vez me arrojé hacia el altar con todas mis fuerzas, las mano estiradas, pero no llegué a tiempo. Jesús, irremediablemente cayó. Entonces me arrodillé frente a él, lo tomé con devoción, le pedí perdón y llevé la Hostia a mis labios.

Pensaba mucho en lo ocurrido. Un domingo en la misa de la tarde, me dio por hacer algo al respecto. Me levanté antes de la comunión y me acerqué a un sacerdote amigo que presenciaba la misa desde una banca.

—Me gustaría ayudar al sacerdote con una bandeja de comunión —le dije.

Muy amable me respondió.
—No tenemos bandejas de comunión, pero puedes tomar la patena del altar.
Como lo miré sorprendido me dijo:
—Anda. Y ayudas al padre.

Me acerqué al altar, tomé la patena y me coloqué al lado del sacerdote.
—Vengo a ayudarlo— le dije en voz baja.

Coloqué la patena en posición, pero de pronto, para mi sorpresa, el padre tomó un puñado de hostias y las colocó en la patena. Al instante se formó una fila de personas frente a mí. Miré a mi esposa y mis hijos quienes se sonrieron como diciendo: "Ya ves lo que te ocurre por inquieto".

Vi a las personas frente a mí sin saber qué hacer. Entonces me decidí y repartí la comunión. Al terminar la misa me acerqué al padre y le dije:
—Padre, lo único que yo quería era ayudarlo a evitar que cayeran Hostias Santas o partículas de la misma al suelo.

Me miró con una gran sonrisa y añadió:

—Es una gracia que Dios te ha dado. Acéptalo como tal.

Jesús es como un imán poderoso que todo lo atrae. A mí me atrajo con una fuerza que no pude superar, una fuerza que venía desde la infancia, cuando yo le amaba mucho y le consideraba mi mejor amigo. Y así continuó durante toda la vida, para demostrarme que nunca dejó de acompañarme.

Comprendí que el amor que sentía por Jesús no hizo más que crecer y fructificar con los años. Era como un viejo árbol al que nadie prestaba atención pero que en cada estación daba sus frutos. Un árbol escondido en medio de una espesa selva. La selva ha desaparecido, y ahora veo con claridad lo que siempre fue. El amor de Jesús.

~~

NUESTRA IGLESIA

Está formada por hombres y mujeres de carne y hueso, con debilidades y fortalezas. ¿Acaso piensas que los sacerdotes y religiosos no son humanos como tú? Ellos están expuestos a grandes tentaciones, por eso requieren de nuestro apoyo y oraciones.

A lo largo de los siglos se cometieron muchísimos errores, incluso injusticias. Pero esto no me desanima. La Iglesia siempre ha sido cuna de santos que la han ayudado a florecer, cada vez más hermosa. Es cierto: hay escándalos, pero también tenemos una Madre Teresa de Calcuta. Hay pecados, pero también tenemos a San Francisco de Asís, Santa Teresita del Niño Jesús, Santo Tomás Moro, San Juan Vianney, San Josemaría Escrivá, San Alfonso de Ligorio... ¡Uf! La lista es interminable. Sólo en el pontificado de Juan Pablo II, la Iglesia reconoció a 770 beatos y 280 nuevos santos. Recuerdo aún las palabras del antiguo Arzobispo de Panamá en una misa por la beatificación del padre Alberione, fundador de la familia Paulina: *"Vivimos en una Iglesia de pecadores. Jesús la santifica, pero los hombres somos pecadores y nos equivocamos. La presencia de los santos y beatos es un signo evidente, un recuerdo de que también hay hombres que han luchado por la santidad y lo han conseguido. Todos podemos ser santos: laicos, sacerdotes, religiosas. Todos estamos llamados a la santidad, a seguir el ejemplo de estos hermanos a los que la Iglesia ha reconocido y honrado por sus virtudes y heroísmo".*

Dios es paciente, conoce nuestro corazón. Jesús mismo nos dijo que estaríamos en medio del mal. Pero vendrá el tiempo de la cosecha cuando a cada uno se le pagará por sus obras, aún dentro de la Iglesia. Ser católico no es garantía de salvación. *Nos salvamos por el amor.*

"Un hombre sembró buena semilla en su campo, pero mientras la gente estaba durmiendo, vino su enemigo, sembró malas hierbas en medio del trigo y se fue. Cuando el trigo creció y empezó a echar espigas, apareció también la maleza. Entonces los trabajadores fueron a decirle al patrón: "Señor, ¿no sembraste buena semilla en tu campo? ¿De dónde pues, esta maleza?" Respondió el patrón: "Esto es obra del enemigo". Los obreros le preguntaron: "¿Quieres que arranquemos la maleza?" "No, dijo el patrón, pues al quitar la maleza podrían arrancar también el trigo. Déjenlos crecer juntos hasta la hora de la cosecha. Entonces diré a los segadores: Corten primero las malas hierbas, hagan fardos y arrójenlos al fuego. Después cosechen el trigo y guárdenlo en mis bodegas". —Mt 13, 24-30

¿Comprendiste? Sé tú, trigo para Jesús.
Y vive tu fe.

San Josemaría Escrivá solía dar este consejo: *"Escápate cuando puedas a hacer compañía a Jesús Sacramentado, aunque sólo sea durante unos segundos, y **dile - con toda el alma - que le quieres**, que quieres quererle más, y que le quieres por todas las personas de la tierra, también por aquellos que dicen que no le quieren"*.

EN LA PUERTA DE UNA IGLESIA

Una de mis grandes alegrías, es pertenecer a la Iglesia Católica. En ella encuentro tesoros inmensos que Jesús dejó a nuestro alcance. Y no es para menos, él sabe de qué estamos hechos, que somos pecadores. El único santo, es Jesús. Nosotros, lo somos, en camino. Santos, si perseveramos, a pesar de las caídas.

Me encantaría mostrarte algunas cosas simpáticas de la Iglesia Católica. Vayamos juntos (tú y yo) a una capilla. Vamos a detenernos en la puerta. Parece una simple construcción, pero recuerda: hay cosas que no puedes ver: La fe. La esperanza. El amor fraternal. La búsqueda de la paz. La verdad. El encuentro. La amistad. La solidaridad. La gracia santificante.

Dicen algunos santos que, si pudiésemos abrir los ojos del alma, veríamos miles de ángeles, cada cual más glorioso que el otro, adorando día y noche a Jesús Sacramentado, depositado en los Sagrarios del mundo entero. Nosotros lo dejamos solo. Ellos no. Desde el Sagrario, Jesús nos mira compasivo y nos sonríe bondadoso, como un hermano, como un amigo entrañable, generoso y bueno.

Sabe que no hay motivos para temer. Si las almas le conocieran, no dudarían en abandonarse a su Misericordia. Correrían a buscar al Padre sabiéndose ciudadanos del cielo, hijos de un Rey.

Al pertenecer a la Iglesia de Jesús, entras a formar parte de su cuerpo místico. Por lo tanto, las gracias que se guardan como un tesoro están a tu disposición cada vez que las necesites en tu camino de la vida. Dios te ha facilitado el camino al Paraíso.

Tal vez, al estar cerca de Jesús, podamos valorar un poco más nuestra fe, tal vez podamos conocerla, amarla más. Así podrás declarar con gozo, frente a todos, con naturalidad, como aquél santo varón: "Mi nombre es Cristiano, mi apellido, Católico".

¿Qué ves desde la puerta de la capilla? Un altar frente a ti. A los costados un confesionario. Bancas para los fieles. Unos abanicos. Una señora que arregla las flores. El sacerdote ha salido y se para frente al altar. ¿Es este tu tesoro? Amigo, mira nuevamente y te diré lo que yo veo y reconozco: El sacerdote está celebrando el santo sacrificio de la misa. Dicen que una sola misa vivida con fervor nos daría tantas gracias que con ellas podríamos ser santos. Es la oración perfecta, la que más agrada a Dios.

Cuando eleva la Hostia consagrada, sé que en sus manos tiene a Jesús. No dejo de mirarlo con amor, y le pido su amor infinito. Sientes y sabes verdaderamente, que él está presente.

Veo también el confesionario, donde tantas almas salen libres de culpas y pecados por la absolución del buen sacerdote que los escucha y los absuelve, no en su nombre sino en el nombre de Jesús, al que ellos representan y sirven. Sí, hay santos sacerdotes y laicos que se esfuerzan por vivir la santidad... Muchos.

A menudo me siento desconcertado, como un ciego, ante tantos misterios sagrados. Por eso hago como el ciego Bartimeo. Su historia me encanta porque nosotros estamos en ella y en cierta forma, todos nos parecemos a él. Sobre todo, cuando Jesús le pregunta: "¿Qué quieres que haga por ti?" El ciego respondió: «Maestro, que vea." (Marcos 10, 36) Me gustaría convertirme en una vasija de barro. Tosca y simple. Una vasija para Dios. Una vasija donde habite Dios. Ser morada de Dios Y Llevarlo a los demás. A menudo me preguntaba cómo hacerlo, y descubrí la respuesta en la Biblia. "El que me ama, guardará mi Palabra y mi Padre lo amará y vendremos a él y haremos morada en él". —Juan 14, 21

Un amigo de Argentina, Horacio Mantilla, quien es Ministro Extraordinario de la Comunión, me escribió sobre esta vivencia tan íntima y profunda:

"Hoy sentí nuevamente la caricia de las manos de Dios en mí, y todo porque le tuve en mis manos. ¿Cómo describirlo? ¿Es posible, acaso, describir el amanecer en sus más fugaces momentos? ¿O el atardecer, con sus dorados, rojizos y demás colores? Le tuve en mis manos y mi corazón saltó de gozo porque me hizo sentir hijo, hermano, siervo y amigo, todo junto en una explosión multicolor del alma. El estremecimiento que sigo teniendo en la Consagración es el mismo, la pasión que surge de mi corazón al recibirle, es el mismo. Me afirma que no importa el lugar en donde estés, cerca del altar y a sus pies, el haberlo encontrado en la Eucaristía transformó mi vida y me compromete a ser mejor persona. Al recibir la Eucaristía soy consciente de que me visita Jesús y que mi casa aún no está totalmente arreglada, que tiene rincones para limpiar, salas desordenadas, dormitorios con las camas aún deshechas. Pero Jesús no las ve tal como está hoy, sino como estará mañana, limpia, ordenada y brillante. Tengo la convicción que Jesús permite que le veamos para alentarnos a que nos esforcemos a llegar cuanto antes, a tener el alma así".

LA MIRADA DE JESÚS

Desde el Sagrario, Jesús nos mira compasivo y nos sonríe bondadoso, como un hermano, como un amigo entrañable y bueno. Sabe que no hay motivos para temer. Si las almas le conocieran, no dudarían en abandonarse a su Misericordia. Correrían a buscar al Padre sabiéndose ciudadanos del cielo, hijos de un Rey.

¿Te ha ocurrido alguna vez? Te das cuenta que Jesús te llama porque su voz te llega como una dulce inspiración. De repente algo ocurre en tu interior. Sientes el deseo de hacer el bien. Pasas frente a la casa de Dios y una voz interior te dice: "Detén el auto, ven a visitarme". O sencillamente te pregunta: ¿Vendrás a verme hoy? Luego participas de la Santa Misa, recibes a nuestro Señor y se despierta en tu alma un "no sé qué" de tanta ternura desconocida para ti. Con Jesús somos capaces de vivir intensamente, aquella vida que siempre hemos deseado, y la santidad anhelada, que guardamos tan dentro de nosotros desde niños, cuando recibimos por primera vez a Nuestro Señor en la Santa Comunión. ¿Recuerdas aquel día? Tenías la felicidad a flor de piel, todo te parecía maravilloso. Un solo pensamiento llenaba tu vida y tu corazón: "el Amor de Jesús". Los años han transcurrido y ahora sientes que nada es igual. Los golpes de la vida te han llevado por otro camino. Yo he aprendido que con Jesús todo cambia. Nadie permanece igual en su presencia. Tienes la oportunidad de enmendar tus errores. De salvar tu alma para la Eternidad. Sí, este es el mejor momento de tu vida. Cuando puedes decirle a Jesús: "quiero ser tuyo, que mi vida te pertenezca". Y por su gracia y su amor lo serás. Uno de los grandes tesoros que nos dejó Jesús es su madre santísima. ¿Amas a Jesús? Pues con mayor razón debes amar mucho a su madre, María, la Virgen, quien también es madre nuestra.

Recuerdo cierto día en un almacén por departamentos haber visto algo curioso. El encargado de jardinería estaba acomodando unas latas. Entonces se detuvo y lo vi mascullando algunas palabras con los ojos cerrados. Otro vendedor me vio mientras lo observaba y se me acercó:
—Está rezando –me dijo en voz baja—. Lo hace cada hora.
Me acerqué con curiosidad y le pregunté:
—¿Qué haces?
—Rezo un Avemaría — me dijo con humildad —. Así saludo a nuestra madre, la Virgen Santísima.

LA VOCACIÓN

Hoy el sacerdote en su homilía dijo: *"Todo aquél que se considere enviado por Dios para una misión, tiene vocación".*

Mi vocación siempre ha sido amar a Dios, a mi familia y a su Iglesia. Procurar en todo, hacer lo que Él nos pide. La verdad es que muchas veces traté de escabullirme del llamado de Dios. Pero, *¿dónde puedes esconderte?* No hay un lugar sobre la tierra ni bajo ésta, en que te puedas esconder de su mirada. Dios te habla de mil maneras. Son tantas que te das cuenta, aunque no quieras hacerlo. Llega un momento en que sólo te resta responder: *"Aquí estoy Señor".*

Me casé con Vida (así se llama mi esposa) y tenemos 4 hijos. Cada uno fue pensado y esperado con ilusión. Sobre esta experiencia publiqué un libro simpático que titulé: *"Aventuras de un Papá".*

Con los años he pasado por muchos problemas. Algunos serios. No estoy exento de ellos. Nadie lo está. Somos discípulos del crucificado y nos toca sufrir, para santificarnos y parecernos a Jesús.

Hace poco leí en una carta enviada por la abadía de San José, la vivencia de la Beata María Catalina Troani con una de las niñas que había tomado a su cuidado y moría en santidad, consolándolas y llenándolas de ánimo: "En ocasiones, las hermanas reciben profundos consuelos, como el caso de la pequeña Miriam, que decía en su lecho de sufrimiento: *"Tengo que sufrir más para poder recibir la corona. Con un poco más de pena probaré para siempre la alegría de Dios"*. Tras recibir la sagrada Comunión, y con el rostro transfigurado, se apagó en la paz mientras veía *"a una hermosa Dama acompañada de otras almas, igualmente hermosas, que se aproximaban y la invitaban a seguirla"*. —www.clairval.com

"Nunca se me olvidará lo que me inculcaron antes de ordenarme sacerdote – me escribió un sacerdote amigo –. ***Celebra tu misa con la misma devoción que la primera y con el mismo fervor y amor como si fuera la última de tu vida***. Tras cuarenta y cinco años celebrando cada día el santo sacrificio de la misa, he procurado que la rutina no se instalase en mi vida de sacerdote. Puedo decir con verdad que el centro de mi jornada, el acto más importante de cada día, es, ha sido y será, la santa misa diaria".

Dios nos habla de muchas formas. Supe de este muchacho, que toda su vida buscó a Dios. De pronto, una enfermedad mortal, lo empezó a consumir. El fin era irremediable. En su cama de hospital, todos veían la serenidad con que enfrentaba el destino. Oraba y ofrecía.

Una noche un sacerdote lo visitó en su lecho de enfermo, estaba moribundo y lo halló feliz. Eso no era normal. Algo pasaba.

— ¿Por qué?, ¿cómo puedes? ¿Acaso no tienes miedo de morir? —se atrevió a preguntar el sacerdote al ver esta aceptación sobrenatural.
—Toda mi vida he querido ver a Dios, cara a cara — respondió ilusionado el muchacho—¿Voy a temer ahora que este sueño se hará realidad?

A muchos que les ha pasado igual. La fe los ha sostenido en momentos muy difíciles, les ha dado la fortaleza que necesitaban para perseverar. Ellos me lo han confirmado, éste es el camino, el del santo abandono. Aceptar la voluntad santa de Dios, es el sendero de la perfección y la Fe.

Últimamente he escuchado a personas con sufrimientos muy grandes. Y casi todas han encontrado su fortaleza en Dios. No han dejado de tener miedo o sufrir, pero aprendieron que la carga es más llevadera entre dos: Dios y ellos.

A menudo recuerdo la historia que me contó un taxista de cómo Dios salvó su vida y su fe lo fortaleció. Recogió una pareja un jueves por la noche. En el camino el joven sacó una pistola que llevaba oculta y la presionó contra su cabeza. La mujer gritaba: **"Mátalo"**. El taxista pensando que serían sus últimos minutos de vida se aferró a su fe y se dedicó a rezar. En voz alta imploraba a Dios que perdonará a sus asaltantes por lo que iban a hacer. La mujer eufórica exigía: "¡Mátalo ya!" El joven dudó. Y respondió: "No puedo. Es un hombre de Dios. No lo voy a tocar".

El taxista detuvo el taxi en una esquina como le ordenaron y ambos se bajaron del auto sin hacerle daño. "Esa noche Dios salvó mi vida", concluyó.

Como todos, enfrento dificultades y dudas. A menudo no sé qué hacer. Entonces, recurro a Jesús, mi amigo de la infancia. Y lo visito en el Sagrario y le pido que *aumente mi fe*. En esos momentos hay que saber escuchar con el corazón, no con la razón y ver con los ojos del alma.

Escucha: "Jesús te quiere hablar, desea consolarte, abrazarte, llenarte de gracias. Eres especial para Él. Te ama muchísimo y quiere tu bien. Todo depende de ti ahora. En medio de este mar embravecido, con grandes olas, ¿prefieres llevar tú el timón de tu vida? ¿O prefieres que sea Dios quien lo lleve?"

Yo tenía una fe muy pobre, me rondaba por pura gracia, pero apenas conocía a Dios. Mi fe la vivía poco y se debilitaba con los años, mientras el mundo me absorbía con sus delicias y fuertes tentaciones. Era hora de cambiar un poco las cosas, renovar mi fe y compartirla con los demás.

Quería mostrarles el camino que estaba emprendiendo, las dificultades que vivía, mis dudas, las gracias que recibía y la presencia extraordinaria del Espíritu Santo que se hacía presente sin que yo lo supiera en cada instante de mi vida. Y todo esto ocurrió como un prodigio, de la manera más insospechada, en el momento que me decidí por Dios.

Siempre recuerdo la hermosa homilía de un sacerdote que solía visitar a los enfermos de un hospital público. Una tarde una de las enfermeras le advirtió de un señor, moribundo, al que nadie visitaba. Llevaba meses allí, solo.

El buen sacerdote lo visitó y se sentó a orar con él y hacerle un rato de compañía. Llegó un momento en que curioso le preguntó:

—Le veo muy animado y feliz. Me enteré que pocas personas lo visitan. ¿Nunca se siente solo?

El enfermo hizo acopio de sus fuerzas para sentarse. Miró con ternura al sacerdote y le respondió:

—Uno mis sufrimientos a los de Cristo. Le ofrezco todo. Sufro con Él por la humanidad. Procuro que mis sufrimientos tengan un sentido sobrenatural y ayuden a los demás. Y en lo que respecta a estar solo, sí, en ocasiones me siento muy solo. Me he aprendido muchos versículos y oraciones de la Biblia y cuando estoy así, triste, cierro los ojos y me deleito repitiéndolas una y otra vez. Y recupero la alegría y la esperanza al comprender que nunca estamos solos, Dios nos acompaña. Somos sus hijos muy amados.

El sacerdote terminó su historia diciéndonos:
— Quedé maravillado con **la fe inquebrantable** de este hombre. A los pocos días partió al Paraíso. Sus palabras me confortaron más mí que a él. Y aprendí mucho sobre la Palabra de Dios, que es de consuelo en los momentos difíciles. Lean sus Biblias, sacudan el polvo que se ha acumulado sobre ellas, ábranlas, que Dios les quiere hablar.

Pienso también aquel familiar al que se le murió su bella esposa. Estaban muy enamorados y el sufrimiento fue grande. Es algo que siempre me ha impresionado, la aceptación del hondo sufrimiento ofrecido a Dios, cuya voluntad es perfecta. El día que celebraron la misa de difuntos, ocurrió algo inesperado.

Al terminar la Eucaristía, el esposo pidió unos minutos para decir unas palabras. El sacerdote le señaló el púlpito. El esposo se paró con gran dignidad y entereza, levantó la mirada al cielo y dijo en voz alta: *"Señor. No lo entiendo. ¿Por qué ha pasado esto? Me duele. No lo comprendo. Pero lo acepto **por mi fe**. Es tu santa voluntad. Y te lo ofrezco".*

Un profundo silencio inundó aquella iglesia y se experimentó una gran paz y serenidad. Como éste tengo cientos de testimonios hermosos de personas que gracias a la fe se han aferrado a la esperanza y han podido superar la adversidad.

Necesitaba compartir sus historias porque eran edificantes, sobre todo para mí, un escritor católico que busca a Dios, pero que flaquea con frecuencia. En todo debes descubrir el Plan de Dios, su voluntad, su presencia amorosa.

Ante las dificultades hay dos caminos: desesperarse, llenarse de angustia y temor *o **tener fe***, confiar y abandonarse en las manos del Padre, dejarlo todo en sus manos amorosas y Paternales. Yo elijo confiar, aunque me cueste, aunque no entienda nada.

CUANDO OLVIDAS A JESÚS

Una vez leí que, en ocasiones "olvidamos a Jesús, por las cosas de Jesús". Nos dedicamos a la Iglesia, a dar clases de Catecismo, pregonamos el Evangelio, participamos en las festividades religiosas, pero no llevamos a Jesús con nosotros. No damos ejemplo, porque hemos dejado a Jesús en el camino, o, caminando junto a Él no le reconocemos.

Es un riesgo que corremos y caemos con mucha facilidad, casi sin darnos cuenta. Descuidamos la oración y lo fundamental de nuestra fe, que es vivirla.

Justo ayer en un almacén me encontré con un compañero del colegio. "Muy bonito lo que escribes", me dijo, "imagino que vas a la Misa diaria". La respuesta fue: "Solía ir a diario y algo ocurrió en el camino". Un amigo sacerdote me escribió una vez: "Debemos recobrar la ilusión primera". Me he propuesto volver a tenerlo presente en mi vida, con mayor intensidad.

Vivir en Su presencia cotidiana. Volver a las buenas prácticas, la misa diaria, la oración, la confesión frecuente, y recordar que Jesús vive en los demás. De nada me sirven estas palabras, si no las vivo.

Es común escuchar comentarios como éste: "Va a Misa y mira cómo se comporta de mal". Es en esos momentos cuando "olvidamos a Jesús, por las cosas de Jesús".

Nos toca volver al principio y:

1) Amar a Dios con todo el corazón.
2) Vivir en su presencia amorosa.
3) Retomar la oración.
4) Amar al prójimo, en verdad.

¿Cómo recuperar a Jesús en nuestras vidas? Ya lo sabes y es muy sencillo: "Amando, perdonando, orando, teniendo caridad con los demás…viviendo el Evangelio".

No te desanimes… Tú puedes. Hagamos lo nuestro, lo que está a nuestro alcance. Dios hará lo demás.

Vivo oleadas de ternura. Experimento anhelos de santidad que creía olvidados. De pronto Dios se hace presente y le siento cercano, tanto que me quedo quieto, pensativo, tratando de comprender esos momentos, lo que espera de mí, lo que nos pide. Entonces, súbitamente lo veo con claridad. Lo único que Dios busca es mi amor. Quiere abrazarme, amarme, tenerme cerca de su corazón.

Nos quiere para Él, como una madre que estrecha a su pequeñuelo contra su pecho. Allí lo retiene diciéndole que lo ama, que es su alegría, su esperanza.

En este mundo parece que Dios no tiene cabida. Lo vemos en los diarios. Ninguno lo menciona. Nuestro Padre y creador. Nadie parece acordarse de Él cuando redacta una noticia. Suelo pensar en Dios como un padre amoroso que a veces se retira con dolor, en silencio, al ver nuestras actuaciones. Siento que le duelen nuestros pecados. Y cuando nos quiere consolar, no le dejamos. Lo abandonamos en los pobres los miserables. He buscado a Dios toda mi vida. Pensé continuar en silencio, en aquella vida interior en la que respiro su amor. Pero un día escuché estas palabras:

—Escribe. Deben saber que los amo.

Y yo, feliz por este llamado, me puse a escribir. No podría hablar ante una multitud, tampoco podría discutir de Teología, sólo se escribir, contar las cosas que me ocurren, mis vivencias y las de otros que las comparten conmigo. Vivo en el corazón de Dios, y lleno de defectos, temo ofenderlo. Siempre recuerdo con cariño aquellas sabias palabras de un sacerdote, durante una confesión: "Santo no es el que nunca cae, sino el que siempre se levanta".

¿Te has preocupado alguna vez por tu salvación? Cuando mueras, se acabó. No tendrás más tiempo para arrepentirte, ni para hacer obras meritorias.

LOS TESOROS DE LA IGLESIA

He vuelto a recordar las palabras de este buen sacerdote en su homilía: *"Los católicos somos ricos, pero vivimos como pobres. Dios nos ha dado riquezas espirituales de las que podemos hacer uso, todas para nuestra salvación. Están en la Santa Madre Iglesia. Y no nos acercamos a esas fuentes de gracia".*

Recuerdo haber leído sobre un obispo al que detuvieron con acusaciones falsas. Le dijeron para engañarlo: *"Perdonaremos tu vida si nos traes las riquezas de la iglesia".* El obispo accedió. Al día siguiente se presentó acompañado de pobres y enfermos. Los señaló y dijo en voz alta: *"Éste es el tesoro de nuestra Iglesia".* Sonreí admirado por esta ocurrencia suya. Supo interpretar correctamente el sentido de la palabra *"Tesoro"*, lo que es más valioso.

No comprendo cómo muchos abandonan la Iglesia de Jesús sin detenerse a meditar en lo que hacen. Se dejan llevar por un sentimiento de alegría pasajera al sentir que han encontrado su camino en otro lado, donde los reciben con alegría y les dan esperanzas humanas.

Otros se desilusionan, dudan de su fe y se alejan. Un sacerdote ha caído, se dejó llevar por su humanidad y muchos que tienen una fe vacilante caen con él. Los juzgan a todos por uno que ha sido débil. Duele, es verdad, pero no es el fin... Conozco muchos santos sacerdotes y sé de miles más que viven su fe, dan testimonio y son hijos fieles de la Iglesia. Entre los mártires de Barbastro que murieron al grito de *"¡Viva Cristo Rey!"*, había seminaristas y sacerdotes.

El Beato Miguel Pro, mártir mexicano, murió por ser sacerdote, el padre Damián quien se aisló del mundo para dedicar su vida a los leprosos, y falleció con esta terrible enfermedad, era sacerdote católico... La lista es interminable.

¿Conoces tu fe? ¿Vives el Evangelio? ¿Confías en Dios? ¿Das testimonio con tu vida? Son muchas preguntas para un breve momento, pero no te desanimes si no has podido responder. Jesús te ama como eres. Tal cual, con tus defectos y virtudes. Sabe de qué estamos hechos. Por eso ha dejado tesoros inmensos a nuestro alcance, en su Iglesia, la que Él fundó, la católica. Yo he dejado de buscar, porque encontré en ella todas mis respuestas.

EN LA IGLESIA CATÓLICA

Me siento honrado por pertenecer a la Iglesia Católica. En ella soy acogido, como un hermano. En la iglesia me refugio cuando llegan las tormentas de la vida. Y en ella encuentro la Paz.

Una vez leí sobre aquél santo que dijo: *"Mi nombre es Cristiano. Mi apellido Católico".* Tuve la oportunidad de tomar prestadas sus palabras, recientemente. Un hombre se me acercó en una Feria donde exponía mis libros sobre Jesús. Me miró sorprendido después de ojearlos. Y empezó a decirme lo que los católicos hacemos mal, nuestros grandes errores. Al final se decidió a preguntar:
— ¿Es usted cristiano?
— Oh sí — le respondí —. Mi nombre es Cristiano. Mi apellido Católico.

¿Cometo errores? ¡Por supuesto! Pero cada vez que ocurre, puedo acudir al sacramento de la reconciliación y vuelvo a empezar, con la seguridad que Dios ha perdonado mis pecados. Esto es lo maravilloso de nuestra fe. Tenemos todas las posibilidades para ser felices en esta tierra y en el Paraíso. Contamos con un tesoro inagotable de gracias a nuestra completa disposición.

¿Cómo verá Jesús nuestras almas?

PARA RECONOCER A UN CATÓLICO

¿Pasaríamos por bichos raros en este mundo? Probablemente. En los inicios de nuestra fe, cuando éramos unos pocos, los demás sabían reconocernos. Podían hacerlo con mucha facilidad. Éramos como una antorcha que iba iluminando la oscuridad, un mar de esperanza en el que muchos querían navegar. Bastaba vernos para saber que seguíamos a Jesús. Teníamos un sello característico: *"el amor"*. A menudo pienso en ello y en estas palabras de Jesús: "Yo les digo a ustedes que me escuchan: amen a sus enemigos, hagan el bien a los que los odian, bendigan a los que los maldicen, rueguen por los que los maltratan. Al que te golpea una mejilla, preséntale también la otra. Al que te arrebata el manto, entrégale también el vestido. Da al que te pide, y al que te quita lo tuyo no se lo reclames". —Lc 6, 27-30— Leí la vida de un santo sacerdote al que asaltaron cruzando un bosque: "Danos todo lo que tienes". Y el santo vació sus bolsillos. Cuando se marchaban, el santo les llamó: "Esperen, encontré otra moneda y no deseo mentir" Conmovidos por este gesto, los ladrones se arrodillaron ante el sacerdote, pidiéndole perdón. Le devolvieron todo y le prometieron en adelante cambiar.

Recuerdo un amigo que una vez dijo: "En mi corazón hay un sello. Y ese sello dice: Jesús". Éste es el distintivo que debe identificar a cada cristiano. Tener a Jesús en el corazón y el alma.

Pasé la mañana pensando en esto: "Si Jesús regresara hoy, ¿cómo reconocería a los suyos? ¿Qué nos diferencia?".

Fui a Misa por la tarde, con mi familia, y el sacerdote habló de ello —me encantan estas coincidencias divinas—. Dos cosas me impresionaron: "Hasta en la forma de caminar se debe reconocer a un cristiano", y "el cristiano siempre está a la escucha de Dios". Durante la Comunión el coro cantó: "Si yo no tengo amor, nada soy". Al llegar a la casa busqué la carta de san Pablo a los corintios. Cambié la palabra: *«amor»,* por *«cristiano».* Y leí entonces: "El cristiano es paciente y muestra comprensión. El cristiano no tiene celos, no aparenta ni se infla. No actúa con bajeza ni busca su propio interés, no se deja llevar por la ira y olvida lo malo. No se alegra de lo injusto, sino que se goza en la verdad". Comprendí lo que nos diferencia: el amor. La madre Teresa tenía la clave que faltaba en mi búsqueda. "¿Por qué hacen estas cosas?", le preguntaron en cierta ocasión. "Lo hacemos por Jesús", respondió.

CAPÍTULO TRES

LOS SACERDOTES

LOS ATAQUES DEL DEMONIO

El demonio lo tiene bien claro. Destruye a los sacerdotes y destruye la Iglesia, sin la Eucaristía.

Es un plan bien estructurado, una estrategia estudiada. Ha tenido siglos para afinarla y dedicarse a encontrar las debilidades de nuestros sacerdotes, un talón de Aquiles que los haga vulnerables al pecado. Aprovecha la soledad y el abandono en que a veces los dejamos. Se da cuenta que rezamos poco por ellos pidiendo a Dios que los proteja y los guarde en la pureza de alma y corazón, que los haga santos. ¡Santo cielo! ¡Qué diferente sería todo si rezáramos como debe ser por nuestros sacerdotes!

El demonio ha vuelto a desenvainar su larga y filosa espada en la que se lee: **"DESACREDITAR"** Es como si tuviese varias espadas y cada una más filosa que la anterior, para hacernos daño. En una tiene inscrita la palabra: **"SEMBRAR ODIO",** en la otra: **"IMPUREZA".** Golpea sin piedad a la humanidad y la Iglesia de Cristo, tratando de hacerla caer. Pero no puede. Lo que sí puede es hacer daño. Y es que todos somos pecadores. Nos sostienen la gracia de Dios, la oración, vivir en su presencia amorosa, la vida sacramental.

Un sacerdote que cae o abandona su vocación, es su mayor triunfo. El ruido que hace es estruendoso. En un bosque son como los árboles más grandes y robustos, los más cercanos al cielo, por eso al caer hacen tanto ruido. No son cualquier árbol.

Necesitamos santos sacerdotes. No te canses de pedirlos: "¡Señor, danos santos sacerdotes!"

Piensa esto:¿Rezas por el sacerdote de tu parroquia? ¿Le pides a Dios que lo proteja?¿Le has brindado tu amistad? ¿Colaboras en su parroquia?

Siempre recuerdo aquel sacerdote que comía solo su cena de Navidad en la cafetería de una gasolinera porque ninguno de sus parroquianos se acordó de él.

Los sacerdotes son la presa más valiosa para el demonio, los más buscados y atacados. Tienen debilidades como tú y como yo. Son humanos, provienen de un hogar. Hay que rezar siempre por ellos.

El demonio trabaja en silencio para hacerlos caer en "GRAVES PECADOS" que escandalicen, para desacreditarlos, sacarlos de circulación y de paso golpear la Iglesia. Son pecados que hacen mucho daño. A veces pienso que no es solo malo, el demonio es malísimo, padre de la mentira, asesino de hombres.

Estos son tiempos difíciles para nuestra Iglesia. Es golpeada por muchos frentes y los escándalos abundan. Pero no nos desanimemos, tengamos el coraje de ser fieles discípulos de Jesús.

Busquemos a Dios, recemos, tengamos fe y pidamos a la Virgen María que nos proteja y cuide a los sacerdotes de su Hijo.

Sin sacerdotes no hay Eucaristía.
Es hora de rezar por ellos.

Pienso mucho en los sacerdotes porque sin ellos no tendríamos a Jesús Sacramentado. Sin ellos nadie administraría los sacramentos, ¿cómo salvarnos entonces? Por naturaleza somos pecadores y, al menos para mí, es un gran consuelo el sacramento de la Reconciliación.

Saber que entro sucio, lleno de pecados a ese cuartito donde espera paciente un sacerdote. Tal vez cansado de pasar tanto tiempo allí. Pero lleno de amor, sabiendo que es otro Jesús. Y que salgo con el alma limpia, dispuesto a ser mejor. Con la gracia que te fortalece y te ayuda a luchar contra el pecado.

Es una vida hermosa la del sacerdote que se entrega por Cristo. Y es una vida dura también. Por eso siempre nos piden que recemos por los sacerdotes, que los apoyemos. Que "jamás" hablemos mal de un sacerdote. Mi esposa me cuenta que Monseñor Escrivá comparaba al sacerdocio con el vino bueno. No importa si el vino es vaciado en una botella fina o en un frasco poco elegante. El vino seguirá siendo de la mejor calidad. Igual es el sacerdote. Tiene siempre en sí, a Cristo y el sacramento que administra es válido siendo su conducta ejemplar o poco edificante. No dejo de pensar que Cristo habita en ellos, y que nos habla con frecuencia, por esto hay que escucharlos con cariño y respeto.

—Quien los escucha a ustedes—les dice Jesús —, me escucha a mí; quien les rechaza a ustedes, me rechaza a mí; y el que me rechaza a mí, rechaza al que me ha enviado. —Lucas 10, 16

Qué felices si todos los sacerdotes fueran santos, a pesar de sus debilidades, que todos las tenemos, como seres humanos. Dios hace su obra en nuestra pequeñez. Allí está el caso simpático del cura de Ars, Juan Vianney, el patrono de los sacerdotes, a quien sus profesores consideraron incompetente para confesar porque no tenía la ciencia necesaria y era poco aventajado en los estudios. Resultó que las personas hacían largas filas desde la madrugada para poder confesarse con este santo sacerdote.

Dios da la gracia que necesitamos para el apostolado que nos confiere. Tal vez por eso resuenan las palabras de María: "Hagan lo que él les diga". Y podemos hacerlo, sin miedos, seguros. El camino será difícil, pero espléndido a la vez. Lleno de Dios. Y triunfos constantes. Y almas que se salvarán en el camino. Porque para Dios "nada es imposible".

San Luis María G. de Montfort en su **"Tratado de la Verdadera Devoción a la Virgen María"** escribió estas palabras proféticas:

"Dios ha hecho y preparado una sola e irreconciliable hostilidad, que durará y se intensificará hasta el fin. **Y es entre María, su digna Madre, y el diablo; entre los hijos y servidores** de la Santísima Virgen y **los hijos y secuaces de Lucifer**. De suerte que el enemigo más terrible que Dios ha suscitado contra Satanás es María, su santísima Madre… Satanás, que es tan orgulloso, sufre infinitamente más al verse vencido y castigado por una sencilla y humilde esclava de Dios, y la humildad de la Virgen lo humilla más que el poder divino". **Acudamos a la Virgen María en medio de tantos escándalos** y pidamos su protección maternal. Ella sabrá protegernos y mostrarnos el camino hacia su hijo Jesús. Y no temas… Su Inmaculado Corazón al final triunfará, **¡para la Gloria de Dios!**

—No quiero —por sabido— dejar de recordarte otra vez que el Sacerdote es "otro Cristo". —Y que el Espíritu Santo ha dicho: "nolite tangere Christos meos" —no queráis tocar a "mis Cristos".

San Josemaría Escrivá— Camino, 67

LOS MEJORES CONSEJOS

Los mejores consejos los he recibido de un sacerdote. Veo su humanidad, pero más que eso, veo al Cristo que habita en ellos. Para mí son un signo visible de la bondad de Dios. Por eso les tengo tanto respeto y cariño.

A veces miro sus manos gastadas por la vida y pienso: *"Esas manos santas nos traen a Jesús todos los días"*. ¿Acaso agradecemos tanto favor? Es mucho el bien que recibimos de ellos. Lo recordaba un padre en su homilía:

"Un sacerdote está siempre contigo en los momentos más importantes. Cuando te bautizan, cuando haces tú confirmación, cuando necesitas consuelo y ayuda, cuando te casas. Y cuando enfrentas la muerte, un sacerdote es quien reza por ti, para que se abran las puertas del cielo".

Recuerdo este sacerdote anciano con el que me solía confesar. Le agradaba hablarme con un tono paternal, pero también hubo ocasiones en que debió ser firme al decirme las cosas y yo sabía que tenía razón, que lo hacía por el bien de mi alma.

Un día lo encontré triste.

Al terminar la confesión le pregunté:

— Perdone —le dije—. Lo siento diferente. ¿Le ocurre algo?
— Hoy es mi cumpleaños. Y nadie me ha llamado. Tengo una hermana que vive en España, es mi único familiar y tampoco sé de ella.

Eran ya las seis de la tarde. Le sonreí con cariño y exclamé:
— Feliz Cumpleaños Padre.
Me miró y sonrió.

— Usted es nuestro padre espiritual — continué — de manera que nosotros, todos los que nos confesamos con usted y que asistimos a sus misas, somos sus hijos espirituales. Somos su familia. Y le queremos. Usted no está solo. Tiene a Jesús, que le ama mucho, y a María que le quiere inmensamente. Usted dio su vida por Dios, y Él sabrá premiarlo en su momento.

Anoté la fecha de su cumpleaños y cada año solía enviarle una tarjeta con algún presente.

¿Existe acaso alguna forma de pagar tanta gracia? Sí la hay. Queriendo mucho a los sacerdotes. Apoyándolos. Rezando por ellos, para que el buen Dios les fortalezca, y los guarde de todo mal. Y sobre todo pidiendo mucho por las vocaciones sacerdotales. Que Dios nos dé sacerdotes. Santos sacerdotes. Para que nos iluminen y nos muestren el camino al Paraíso.

Pienso mucho en los sacerdotes porque sin ellos no tendríamos a Jesús Sacramentado. Sin ellos nadie administraría los sacramentos, ¿cómo salvarnos entonces? Por naturaleza somos pecadores y, al menos para mí, es un gran consuelo el sacramento de la Reconciliación.

Saber que entro sucio, lleno de pecados a ese cuartito donde espera paciente un sacerdote. Tal vez cansado de pasar tanto tiempo allí. Pero lleno de amor, sabiendo que es otro Jesús. Y que salgo con el alma limpia, dispuesto a ser mejor. Con la gracia que te fortalece y te ayuda a luchar contra el pecado.

No imaginas cuántas personas han recuperado la paz interior luego de una buena confesión. Y esto gracias a la bondad del sacerdote que se sacrifica pasando horas en un confesionario. *Es una vida hermosa la del sacerdote que se entrega por Cristo.* Y es una vida dura también. Por eso siempre nos piden que recemos por los sacerdotes, que los apoyemos.

Que "jamás" hablemos mal de un sacerdote. Mi esposa me cuenta que san Josemaría Escrivá comparaba al sacerdocio con el vino bueno. No importa si el vino es vaciado en una botella fina o en un frasco poco elegante. El vino seguirá siendo de la mejor calidad. Igual es el sacerdote. Tiene siempre en sí, a Cristo y el sacramento que administra es válido siendo su conducta ejemplar o poco edificante.

No dejo de pensar que Cristo habita en ellos, y que nos habla con frecuencia, por esto hay que escucharlos con cariño y respeto. "Quien les escucha a ustedes —les dice Jesús —, me escucha a mí; quien les rechaza a ustedes, me rechaza a mí; y el que me rechaza a mí, rechaza al que me ha enviado". (Lc 10, 16)

Qué felices si todos los sacerdotes fueran santos, a pesar de sus debilidades, que todos las tenemos, como seres humanos.

Dios hace su obra en nuestra pequeñez. Allí está el caso simpático del cura de Ars, Juan Vianney, patrono de los sacerdotes, a quien sus profesores consideraron incompetente para confesar porque no tenía la ciencia necesaria y era poco aventajado en los estudios.

Resultó que las personas hacían largas filas desde la madrugada para poder confesarse con este santo sacerdote.

Dios da la gracia que necesitamos para el apostolado que nos confiere. Tal vez por eso resuenan las palabras de María: *"Hagan lo que él les diga"*. Y podemos hacerlo, sin miedos, seguros. El camino será difícil, pero espléndido a la vez. Lleno de Dios. Y triunfos constantes. Y almas que se salvarán en el camino. Porque para Dios *"nada es imposible"*.

Los sacerdotes brillan con la luz de Cristo. Por eso los escucho con tanto fervor. ¿Te parece muy larga su homilía? Mira otra vez y ya no verás al sacerdote. *Verás a Jesús que te habla.*

* * *

¿Cuándo fue la última vez que te confesaste? Tengo amigos que se confiesan cada quince días. ¿Por qué tanta confesión?

Es que cada vez que el sacerdote, en el nombre de Jesús, te da la absolución, no sólo perdona tus faltas, sino que te da *la gracia santificante* que te fortalece, y te ayuda a ser una mejor persona.

Me encantó lo que dijo hoy el sacerdote en su homilía. Lamenté mucho no tener un lápiz para anotar sus palabras. Y procuré memorizarlas. Fueron profundas e impactantes:

"Muchas personas dicen: *"Pequé. ¿Me pasó algo?"* En apariencia nada te ocurrió. Porque es algo no puedes ver.

Santa Teresa de Jesús cuenta en sus obras que Dios le permitió ver un alma en pecado mortal. *La visión de esta alma fue tan horrible, tan espeluznante*, que, de no ser por el Auxilio Divino, hubiera muerto en el acto.

"Pequé. Nada me ocurrió".

Pobre criatura.
¡Claro que ocurrió!

Fue espantoso.
Rompiste tus lazos con Dios.
Perdiste la gracia santificante.
Llevas tu alma muerta.

"¿Puede existir algo peor?"

CURIOSIDADES

En cierta ocasión me escribió un amigo con el que solía cartearme. En aquellos días no existía el Internet y escribíamos cartas. Él pasaba por múltiples dificultades y yo trataba de animarlo.

Un día, en una de sus cartas me pidió: "No me hables más de Dios. Dios no necesita al hombre".

Me quedé pensativo, quería responder y no sabía cómo. "¿Por qué Dios necesita al hombre?"

Pasé toda la mañana buscando una respuesta aceptable sin encontrarla. Por la tarde fui a una misa del lugar donde laboraba. Una vez al año íbamos para agradecer a dios sus beneficios.

Recuerdo que mientras iba a la iglesia seguía buscando respuestas para la inquietud de mi amigo.

El sacerdote leyó el evangelio y se paró frente al estrado para la homilía. Entonces dijo lo más sorprendente que pude escuchar:

"Muchos se preguntan si dios necesita al hombre y no encuentran respuestas. Yo les diré por qué dios necesita al hombre"…

No podía creer lo que ocurría.

Era sorprendente. Comparó al hombre con la luna que refleja en las noches la luz del sol.

Dios necesita al hombre para reflejar su amor a los demás.

Al terminar la misa fui a la sacristía y le conté al sacerdote. Quedó tan sorprendido que llamó a los que estaban cerca:

"Oigan, vengan a escuchar esto".

Y volví a narrar lo ocurrido para sorpresa de todos.

"Señor, ¿qué quieres de mí?"
"Que ames, a todos".

CARTA A UN SACERDOTE

Sabes, siempre he visto en los sacerdotes a un segundo Jesús. Por eso, cuando me confieso suelo decirme: "Escucha, Jesús te va a hablar". Sé con certeza que Jesús está en ellos y en ti. Por eso los sacerdotes significan tanto para mí. Por eso hay que amarlos y respetarlos.

Hace algún tiempo te vi oficiando la Misa y supe que eras un sacerdote diferente. Lo noté por el particular cariño con que nombrabas a Jesús. Decías su nombre con tanta ternura: "Jesús". Con cuánta delicadeza tomaste entre tus manos las especies para consagrarlas. Elevaste la Hostia y la mantuviste elevada un tiempo que nos pareció eterno. Un gran silencio inundó la iglesia. Nadie se atrevió a moverse siquiera. Era como si hubieses perdido la noción del tiempo. Jesús y tú... Estabas absorto... Reaccionaste al rato y la Eucaristía continuó. Salimos conmovidos sabiendo que algo extraordinario había ocurrido, y que después de esta experiencia, algo en nosotros había cambiado para siempre...

Volví a verte después de algunos años y me pareció que tu ilusión no era la misma. Supongo que no es fácil ser sacerdote. Todos necesitamos de cuando en cuando una voz de aliento, alguien en quien confiar, a quién contarle nuestros problemas.

Sabernos escuchados. Y tú, aunque no lo ves, debes tener la fe suficiente como para tener la certeza de que Jesús te acompaña, te cuida y te escucha. A veces Jesús parece tan callado. Un santo solía acercarse al sagrario, le daba unos toques con la mano y le preguntaba: ¿Estás allí? Yo, por experiencia sé que sí... Él está allí, pendiente como un hermano

Tu Homilía también fue diferente. No tenías la emoción que antes llenaba cada una de tus palabras. Por eso te escribo. Quisiera pedirte que nos llenes nuevamente con ese fuego, esa alegría que brota de ti… esa esperanza.

Estamos sedientos de Dios. Necesitamos que nos hables de Él. Que nos cuentes vivencias que podamos recordar y que nos ayuden en nuestro camino hacia Dios. A don Bosco le fueron muy efectivas estas historias que luego todos recordaban y comentaban por días.

Queremos que recuperes la ilusión, que te llenes de alegría y buen ánimo. Te necesitamos. Créeme, a pesar de toda tu humanidad, tienes algo de sagrado. Por eso las personas están siempre pendientes de ti y tus palabras nunca caen al olvido. Tienes un buen corazón…

Nos traes a Jesús todos los días y esto es algo que jamás podremos agradecerte lo suficiente...

Nos escuchas cuando tenemos problemas, nos aconsejas, nos tiendes una mano amiga. Y nos ayudas a ser como Jesús quiso que fuéramos.

¿Eres sacerdote?

Gracias.

Gracias, por tu entrega.

Gracias por tu amor a Jesús Sacramentado.

Por tu fidelidad.

Por enseñarnos el camino.

¡Dios te bendiga!

TE PIDO

Si eres sacerdote que nos ayudes a ser santos, con tu ejemplo y tu santidad.

Que al administrar los sacramentos lo hagas dignamente y con amor. Que vivas ilusionado por Jesús. Y que, al dar la comunión, te cuides mucho de no dejarlo caer. Usa siempre una bandeja de comunión, o una patena. Cuida mucho a Jesús, quiérele más. Tenlo presente en tu corazón y tu alma y tu vida.

Tu fortaleza será nuestra fortaleza. Tus consejos nos guiarán por la vida. Por eso necesitamos tanto de ti. Eres nuestro pastor, nosotros tus ovejas. Y muchas veces estamos descarriados.

Te pido que nos enseñes a recibir dignamente a nuestro Señor. Sobre todo, cuando lo recibimos en la mano. Veo tanta gente que, al tomarlo así, se limpian luego como si tuviesen migajas de pan. Y las partículas no dejan de caer. Y tú lo sabes bien, en cada partícula está nuestro Señor. Por favor, hermano sacerdote, no calles cuando debes hablar. Cristo habita en ti. Por eso hazte siempre esta pregunta que solía hacerse un santo sacerdote: ¿qué haría Cristo en mi lugar? Ten más intimidad con el Señor. No dejes que el mundo te absorba con sus problemas. Lleva una vida interior rica, plena, llena de Dios.

Una amiga me aconsejó una vez: "Usted viva en la presencia de Dios. Él se encargará de lo demás".

He conocido tantos sacerdotes santos. Me emociono al acercarme a ellos. Y al verlos celebrar la misa. Siempre están alegres. Y son muy bondadosos. Están llenos de Dios. Y lo llevan a los demás. Con cuánta delicadeza toman a nuestro Señor durante la consagración. Y los cuidados nunca son suficientes al momento de repartir la comunión.

Te pido si eres sacerdote, que enciendas nuestros corazones con el amor de Jesús Sacramentado. Hemos perdido tanto en el camino. Nunca te desanimes. A pesar de los desaires que los laicos podamos darte. Ten presente que Jesús nunca se desanima. Es verdad, los laicos no siempre te agradecemos, ni te apoyamos, y a veces hasta te dejamos solo. Los laicos tenemos mucho que aprender. Y queremos hacerlo. Enséñanos tú. Eres nuestro guía. No dejes que nos perdamos. Te pido, si eres laico, que reces mucho por los sacerdotes. Que los apoyes siempre que puedas. Que seas un amigo sincero y generoso. Ya ves, un sacerdote es otro Cristo.

¡Un Cristo de verdad!

GRACIAS POR SER SACERDOTE

Hace poco fui a misa. Sentía una necesidad de ir a la Iglesia y saludar a Jesús, de participar de la Eucaristía. Me encontré con un sacerdote diferente. Celebraba la misa con una particular devoción. Me impresionó cuando elevó las especies consagradas y las miraba con tal cariño, con una ternura tan grande y profunda, que te llegaba al alma. La misa continuó y nos sentimos transportados al Paraíso, en la presencia de Jesús. Cuando terminó, fui a la sacristía, y le dije emocionado:

—Gracias... por ese amor y delicadezas con el buen Jesús, por su amor a Jesús Sacramentado.
Me estrechó las manos agradecido. Sonrió y me dijo algo que nunca olvido:
—Rece mucho por mí.
Era la segunda vez que un sacerdote me pedía que rezara por él. En ese momento pensé: "¿Cómo un hombre santo me pide que rece por él?"

A menudo reflexiono en ello: *"Rezar por los sacerdotes"*. Comprendí que se parecen tanto a nosotros. Y a la vez, son tan diferentes. Tienen algo de sagrado, un Cristo metido en sus almas, que nos ve a través de ellos y nos bendice y nos perdona.

Pienso también en su gran lucha espiritual. Son los más atacados y golpeados. Por los que no les comprenden. Por los que hablan mal de ellos.

¿Te has dado cuenta? Cargan con sus problemas y con los nuestros. Es justo que también lleven, en sus almas, nuestras oraciones y nuestro afecto.

Siempre he tenido un cariño muy particular por los sacerdotes, sin importar su carácter, su raza o su idioma. Me han dado los mejores consejos. Han estado presentes en los momentos más importantes de mi vida. Y he tenido la gracia de conocer y cultivado la amistad de algunos. Qué bueno saber que aún hay almas que se atreven a vivir el Evangelio, a escuchar el llamado de Jesús. Hay que ser valientes, decididos, y tener una confianza grande en la voluntad del Padre. Abandonarse en sus brazos.

Esto es un sacerdote: *un Cristo en la tierra.*

Pidamos por ellos, para que Dios, en su bondad infinita, les preserve de todo mal y los haga crecer en santidad.

CAPÍTULO CUATRO

ESCÁNDALOS

"Cuando ustedes ven una nube que se levanta por el poniente, inmediatamente dicen: "Va a llover", y así sucede. Y cuando sopla el viento sur, dicen: "Hará calor", y así sucede. ¡Gente superficial! Ustedes saben interpretar el aspecto de la tierra y del cielo, y **¿cómo es que no comprenden el tiempo presente?**"

—Lucas 12, 54-56

LOS ESCÁNDALOS

"¡Ay del mundo por los escándalos! Es forzoso, ciertamente, que vengan escándalos, pero ¡ay de aquel hombre por quien el escándalo viene!"
—Mateo 18, 7

La iglesia no es ciega, conoce sus pecados y ha pedido perdón. "Como sucesor de Pedro pido que en este año de misericordia la Iglesia, fuerte por la santidad que recibe de su Señor, se ponga de rodillas ante Dios e implore el perdón por los pecados pasados y presentes de sus hijos". Estas fueron las humildes palabras de Juan Pablo II en el Jubileo del 2000 cuando se redactó el documento "Memoria y reconciliación la Iglesia y las culpas del pasado". Y en el 2010 Benedicto XVI escribió una carta pastoral a los católicos de Irlanda. En un fragmento de ella le decía a los sacerdotes que habían cometido abusos:

"Habéis traicionado la confianza depositada en vosotros por jóvenes inocentes y por sus padres. Debéis responder de ello ante Dios todopoderoso y ante los tribunales debidamente constituidos. Habéis perdido la estima de la gente de Irlanda y arrojado vergüenza y deshonor sobre vuestros hermanos sacerdotes o religiosos. Los que sois sacerdotes habéis violado la santidad del sacramento del Orden, en el que Cristo mismo se hace presente en nosotros y en nuestras acciones. Además del inmenso daño causado a las víctimas, se ha hecho un daño enorme a la Iglesia y a la percepción pública del sacerdocio y de la vida religiosa."

Hay una línea de esa carta que estremece el alma:

"…han obscurecido la luz del Evangelio como no lo habían logrado ni siquiera siglos de persecución".

En los últimos años han salido a la luz cosas inimaginables dentro de la Iglesia que sacuden el alma e indignan a cualquiera. Es un escándalo con el que Jesús no tiene contemplaciones. Los niños, almas puras, inocentes. "…al que escandalice a uno de estos pequeños que creen en mí, más le vale que le cuelguen al cuello una de esas piedras de molino que mueven los asnos, y le hundan en lo profundo del mar." —Mateo 8

Ante esta realidad, llega un momento en que te preguntas cómo la Iglesia ha sobrevivido 2000 años en medio de tantos escándalos y cómo pudimos llegar a este momento. Cómo logramos vivir sumergidos en esta profunda crisis, donde escasea la fe y hay carencia de amor. **La respuesta es una sola.**

En 1972 el Papa Pablo VI escribió unas palabras que llenan de alma a la Iglesia: *"...Diríamos que, por alguna rendija misteriosa – no, no es misteriosa; por alguna rendija,* **el humo de Satanás entró en el templo de Dios**. *Hay duda, incertidumbre, problemática, inquietud, insatisfacción, confrontación".*

Y el Papa Francisco menciona constantemente la influencia de satanás en el mundo. Un comunicado del Vaticano del 2018 decía: "El santo padre pidió a los fieles del mundo entero rezar para que la Santa Madre de Dios ponga a la Iglesia bajo su protección: para preservarla de los ataques del maligno, el gran acusador, y la haga más consciente de los golpes, los errores y los abusos cometidos hoy y en el pasado". Y en octubre del mismo año dijo públicamente:

"Renuevo la invitación a todos a **rezar el Rosario todos los días del mes de octubre**, concluyendo con la antífona 'Bajo tu amparo' y la oración a San Miguel Arcángel, para rechazar los ataques del diablo que quiere dividir a la Iglesia."

Hace unos días un sacerdote de New Orleans profanó un altar sagrado, teniendo relaciones con dos mujeres encima de él. El obispo lo catalogó de "Profanación demoníaca".

En las redes sociales aumentan los ataques con la Iglesia católica señalando estas barbaries que jamás debieron ocurrir, violaciones y abusos sexuales a menores, como si los católicos estuviéramos de acuerdo con esas aberraciones. Se enfatiza en la pederastia y otras maldades que no puedes tapar con la mano, para crear desconfianza en la Iglesia. Y es muy triste. Se hace daño a la iglesia y a las almas.

¿Su error? Señalan los árboles caídos, enlodados por el pecado y deploran el bosque en que se encuentran, que protege, da sombra y oxigena al mundo con el Evangelio de Jesús. Ganan si desacreditan la iglesia y dejan perplejos a los católicos que no saben cómo reaccionar ante algo que es evidente: "hemos pecado". Hay alrededor de 1,313,278,000 católicos en el mundo. Por unos pocos árboles torcidos, que han dado anti testimonio y escandalizado y herido a la Iglesia, **no puedes condenar un bosque entero.**

Pero la Iglesia es más de lo que humanamente vemos y comprendemos.

Es el Cuerpo Místico de Cristo. Eso debiera bastar para llenarnos de asombro y alegría. ¿Su función? Extender el reino de Dios, recordarnos que estamos llamados a vivir una maravillosa eternidad en el Paraíso. Yo la veo como un bosque maravilloso de luces y sombras y también oscuridad, en el que la vida espiritual del ser humano se renueva y hay una gran variedad de árboles en pie, sacerdotes, religiosas y laicos santos, que viven en la presencia amorosa de Dios y dan frutos de eternidad. Están a la vista.

Santa Faustina Kowalska escribió estas palabras casi proféticas en su Diario (140): "Mi espíritu anhelaba a Dios con toda la fuerza de su ser. En aquel tiempo el Señor me dio mucha luz para que conociera Sus atributos. El primer atributo que el Señor me dio a conocer, fue Su Santidad. Esta Santidad es tan grande que delante de Él tiemblan todas las Potencias y todas las Fuerzas. Los espíritus puros encubren sus rostros y se sumergen en adoración permanente, y la única expresión de su adoración sin límites es Santo… La Santidad de Dios es derramada sobre la Iglesia de Dios y sobre cada alma que vive en ella, pero no en grado igual.

Hay almas completamente divinizadas, pero hay también almas apenas vivas."

"La casa de Dios es la Iglesia; aún contiene malos, pero la belleza de la casa de Dios reside en los buenos; se halla en los santos".

—San Agustín

GRANDES PECADORES

Hace poco el Papa Francisco ha dicho en la Plaza de san Pedro: "La **Iglesia** es santa, pero está hecha de **pecadores**". Al ver la expectativa de los presentes les dijo: «¿Alguno de vosotros está aquí sin sus pecados? ¡Ninguno de nosotros!». Y todos irrumpieron en aplausos.

Conozco muchos laicos y sacerdotes, almas buenas, santas, que nos llevan a Dios con su ejemplo y sus palabras. Arde en ellos el deseo de llevar la buena Nueva y propagar el Evangelio. No reniegan de Dios ni de su iglesia. Rezan por ella, van más allá que nosotros. Viven unidos al Padre por la gracia santificante y todo lo que hacen es un reflejo de su inmenso amor por la humanidad. Cumplen su misión dentro de la Iglesia, saben que tienen un propósito en sus vidas.

Hay almas muy cerca de Dios, pero también las hay tibias e indiferentes, que caen con facilidad antes las tentaciones del demonio y que al ver algo que no les agrada abandonan la iglesia y transitan el camino de la oscuridad. Conozco también otros, personas buenas fortalecidas en su fe, que por las dificultades de la vida abandonaron la oración y fueron presa fácil del pecado, decepcionando a muchos, haciendo que se tambaleara su débil fe.

El buen ejemplo y santidad de los sacerdotes es fundamental en la vida de la Iglesia. Mueve a los laicos a vivir el Evangelio. Me contaron de este sacerdote que dirigió en su parroquia un retiro juvenil. Participaron los jóvenes del barrio. El último día, los invitó a una Hora Santa, pero ninguno quiso asistir. Nuestro sacerdote entristecido, se acercó al Sagrario y se arrodilló con humildad. En silencio lloraba y le pedía a Jesús que les perdonara esta falta de amor. Sintió entonces una mano que se posaba sobre su hombro. Al pasar frente a la capilla uno de los muchachos lo vio, y profundamente conmovido, se postraba junto a él. Sin decir una palabra, llegó otro muchacho, se arrodilló... y luego otro y otro... hasta que el altar estuvo rodeado de jóvenes arrepentidos, que oraban fervorosamente, sintiendo la presencia verdadera de Jesús Sacramentado, que los irradiaba con su Paz.

San Alberto Hurtado es un santo chileno al que admiro mucho y que solía exclamar: "El pobre es Cristo", escribió estas palabras iluminadoras sobre la Iglesia: "La Iglesia no es una institución oficial, es **Cristo prolongado y viviendo entre nosotros**. Si le preguntamos a la Iglesia qué concepto tiene de sí propia, nos dirá que ella es la manifestación de lo sobrenatural, de lo divino, la realidad nueva traída por Cristo, lo divino bajo una envoltura terrenal. Y como es la persona de Cristo donde la plenitud de esta divinidad se ha manifestado, la Iglesia es, según expresión de San Pablo, el cuerpo de Cristo. **Esta unión de Cristo con la Iglesia visible es tan íntima, tan indisoluble, tan esencial, que San Pablo llama a Cristo, la cabeza del cuerpo de la Iglesia**".

No puedes amar lo que no conoces. Vamos a penetrar un poco en el corazón de la iglesia y descubrir sus latidos de amor, que quieren abrazar a todos sus miembros y llevarlos a Dios. Pero la iglesia está formada por hombres, atención esto, y los hombres somos pecadores. Soy un católico consciente en nuestra iglesia, sus miembros, nosotros, somos pecadores, todos, excepto Jesús, quien es santo. **"Si decimos: «No tenemos pecado», nos engañamos y la verdad no está en nosotros."** (1 Juan, 1) ¿Han ocurrido cosas terribles? Sí, no podemos taparlas con un dedo. Y no solo terribles, son inexcusables. El Papa ha pedido perdón en varias ocasiones.

Es una herida profunda, dolorosa, que hace sangrar a la Iglesia, pero no es una herida de muerte y puede sanar, si tú yo ponemos de nuestra parte y oramos por ella, por nuestros sacerdotes, religiosos, religiosas y damos ejemplo de santidad con nuestras vidas. Recuerda que la Iglesia es una institución de orden natural y sobrenatural, sobre todo Eucarística. Muchos consideran que la Iglesia se acerca a una gran purificación, después de pasar por estos momentos de tanta tribulación. Tengo amigos que la han abandonado, decepcionados, sin haberla conocido en verdad y al tiempo han vuelto, buscando la Verdad que no encontraron en otros lados. Yo conozco mis debilidades, mi poca fe, mi pobre oración. Y cada vez que caigo procuro levantarme lo más pronto que puedo y acudir al sacramento de la reconciliación para restaurar mi amistad con Dios. A veces me sonrió porque siento que Jesús me dice: "Cuánto me cuestas Claudio".

En cada Eucaristía rezamos el "Yo Pecador", recordando nuestra fragilidad y humanidad, nuestra necesidad de oraciones, de Dios, de la Iglesia.

"Yo confieso ante Dios Todopoderoso,
y ante ustedes hermanos que he pecado mucho
de pensamiento, palabra, obra y omisión.
Por mi culpa, por mi culpa, por mi gran culpa.
Por eso ruego a Santa María siempre Virgen,
a los ángeles, a los santos y a ustedes hermanos,
que intercedan por mí ante Dios, Nuestro Señor".

No puedes ser ejemplo de nadie si vives en pecado. Por eso me agrada tanto rezar esta oración del Cardenal John Henry Newman que me recuerda que somos solo instrumentos imperfectos llamados a la santidad.

Jesús mío: ayúdame a esparcir tu fragancia
donde quiera que vaya;
inunda mi alma con tu espíritu y tu vida;
llena todo mi ser y toma de él posesión
de tal manera que mi vida no sea en adelante
sino una irradiación de la tuya.
Quédate en mi corazón en una unión tan íntima
que quienes tengan contacto conmigo
puedan sentir en mí tu presencia;
y que al mirarme olviden que yo existo
y no piensen sino en Ti.
Quédate conmigo.
Así podré convertirme en luz para los otros.
Esa luz, oh Jesús, vendrá toda de Ti;
ni uno solo de sus rayos será mío.
Te serviré apenas de instrumento
para que Tú ilumines a las almas a través de mí.

Hace algunos años, luego de ver caer de la mano del sacerdote una hostia consagrada, le escribí una carta al arzobispo de Panamá en la que le implorada el uso de la patena, durante la sagrada comunión. Me cuentan que leyó la carta en una reunión mensual con los sacerdotes y tuvo una buena acogida.

Hay mucho que los laicos podemos hacer. No te sientes a criticar, la iglesia también eres tú, actúa, levanta tu voz, siempre con caridad, misericordia y bondad. Y, sobre todo, reza por la iglesia. Dios siempre escucha complacido tus oraciones.

Hay un slogan que ha circulado y se ha vuelto viral: *"La iglesia no es un club de santos, sino un hospital para pecadores"*. Yo lo cambiaría un poco. *"La iglesia es una casa grande, con santos en camino"*.

La Iglesia también es camino de santidad, porque nos muestra el Camino, a Verdad y la Vida, nos llama a ser santos y nos enseña cómo lograrlo. Cada cual en su libre albedrío decide lo que hará con su vida y si arriesgará su alma para pasar una triste eternidad.

EL SILENCIO DEL MUNDO

En 1673 Jesús se le apareció a una monja, santa Margarita María de Alacoque y le dijo con dolor por nuestra carencia de amor: "He aquí el Corazón que tanto ha amado a los hombres y que no ha ahorrado nada hasta el extremo de agotarse y consumirse para testimoniarles su amor. Y, en compensación, sólo recibe, de la mayoría de ellos, ingratitudes por medio de sus irreverencias y sacrilegios, así como por las frialdades y menosprecios que tienen para conmigo en este Sacramento de amor. **Pero lo que más me duele es que se porten así los corazones que se me han consagrado.**"

"Me hizo ver" escribió santa Margarita María, "que el ardiente deseo que tenía de ser amado por los hombres y apartarlos del camino de la perdición, en el que los precipita Satanás en gran número, le había hecho formar el designio de manifestar su Corazón a los hombres, con todos los tesoros de amor, de misericordia, de gracias, de santificación, y de salvación que contiene, a fin de que cuantos quieran rendirle y procurarle todo el amor, el honor y la gloria que puedan, queden enriquecidos abundante y profusamente con **los divinos tesoros del Corazón de Dios,** cuya fuente es, al que se ha de honrar bajo la figura de su Corazón de carne, cuya imagen quería ver expuesta y llevada por mí, sobre el corazón, para grabar en él, su amor y llenarlo de los dones de que está repleto, y para destruir en él, todos los movimientos desordenados".

Cada día hay más escándalos en la Iglesia. Pero no es nada nuevo. Peores escándalos vendrán. Si lees las profecías sabrás qué esperar en el futuro, antes del fin de los tiempos. "**y tanta será la maldad, que el amor se enfriará en muchos.** Pero el que se mantenga firme hasta el fin, ése se salvará."
—Mateo 24

"**En esos días muchos tropezarán y caerán; de repente se odiarán y se traicionarán unos a otros.**" —Mateo 24, 10

¿Estaremos llegando a esos tiempos de apostasía? El panorama se complica. El silencio del mundo católico es abrumador. ¡¡Basta de silencio!! Hay que AMAR a nuestra Iglesia, pero primero debes darla a conocer.

El trabajo apremia. Y los obreros son pocos. Un amigo es catequista. Me contó que dicta clases de catecismo los sábados en su parroquia.

Muchos de los jóvenes que llegan no saben hacer la señal de la Cruz, no conocen el Padre Nuestro ni el Ave María. La mayoría tiene de 8 a 9 años. En sus casas no se practica la oración, ni les inculcan el amor a Dios.

Tenemos un Iglesia de profecías, milagros y presencia de Dios. Cuenta el arzobispo Fulton Sheen en su autobiografía este caso sorprendente. Una profecía sobre un futuro Papa que cambiaría al mundo. "Hace más de un siglo, un poeta llamado Slowacki escribió estas palabras proféticas: "Dios ha preparado el trono para un papa eslavo. El barrerá las iglesias y las limpiará por dentro. Dios será revelado, como la claridad del día, en la Creación". Una mujer polaca, que murió a los 92 años en 1972, conoció al padre Wojtyla de joven sacerdote. Entre los efectos personales que se encontraron a su muerte, estaba la profecía de Slowacki en un breviario, con una anotación: "Este Papa será Karol".

Hemos tenido Papas extraordinarios y santos, igual que sacerdotes y religiosas que han vivido en santidad. Cientos de sacerdotes y religiosos han muerto durante esta Pandemia por el Coronavirus, contagiados al llevar consuelo espiritual a los enfermos.

Si vamos a señalar los escándalos en la Iglesia también debemos mencionarlos a ellos, una parte poco conocida, que han muerto fieles a su vocación sacerdotal, llevando esperanza.

Es lo justo señalar que en nuestra Iglesia hay hombres y mujeres que, a pesar de los escándalos, los pecados y las nubes oscuras que puedan existir, viven para agradar a Dios y se esfuerzan en hacer su santa voluntad.

Extiende una sábana blanca. Marca un punto negro en el centro con un marcador. Son los escándalos, que se ven, de los que hablan los diarios y las redes sociales. El ser humano es curioso, se concentra en ese punto negro, los pecados cometidos, obviando el resto enorme de la sabana que es blanca y pura. No ve la parte sana en la que, también ocurren escándalos, pero de otro tipo y de los que nadie o muy pocos hablan. Te los comentaré en el siguiente capítulo. Te vas a sorprender.

CAPÍTULO CINCO

MÁS ESCÁNDALOS

Si supieras cuánta gente no conoce a Dios, ni ha experimentado su abrazo tierno y amoroso.

El MAYOR DE LOS ESCÁNDALOS

La Palabra "Escándalo" se define como: "dicho o hecho que causa gran asombro o indignación en alguien, especialmente por considerarlo contrario a la moral o a las convenciones sociales." La iglesia ha estado desde siempre sumergida en escándalos, caminando sobre un campo minado que es un mundo lleno de tentaciones, rodeada de enemigos que serían felices de verla desmoralizada, desacreditada, destruida hasta los huesos, convertida en cenizas. Los peligros no solo vienen del exterior, también hay detractores en su interior.

No es un secreto que la Iglesia católica tiene grandes enemigos dentro de ella, muchos infiltrados desde temprano, para que pudieran crecer adentro, como hijos amados, mostrándose como no son, y atacarla en su momento, con sus malas acciones, llevando la precisión de un relojero. Todo calculado. Y, por otro lado, los pecados de sus miembros, laicos, sacerdotes, dentro de la Iglesia, algunos impensables, aberrantes, no ayudan mucho.

Te preguntas entonces cómo ha podido sobrevivir más de 2000 años. Es una pregunta recurrente que siempre sale a flote.

La respuesta está a la vista, ante ti. Debes abrir los ojos del alma para entenderla.

Sobrevive por un motivo muy sencillo: *"Hay una alianza indisoluble con Cristo, Él la alimenta y la cuida",* Y lo hace porque la ama, y muy a pesar de nuestros pecados. La criticamos con demasiada facilidad, es que no vemos a quien la sostiene y alimenta.

El Catecismo nos dice: "**La Iglesia vive de la Palabra y del Cuerpo de Cristo** y de esta manera viene a ser ella misma Cuerpo de Cristo". La Iglesia es: "*labranza* o campo de Dios", "*construcción* de Dios", "Madre nuestra".

Hay algo que no sabes, seguro nadie te lo ha dicho. No te hablan de la bondad, la misericordia y el amor que florece por doquier dentro de la Iglesia. Se concentran en las cosas malas, que las hay, pero eluden mencionar las positivas que son abundantes, así encausan las opiniones en su contra, sin dar tiempo para reflexionar en la verdadera esencia de la Iglesia. Yo lo he visto, no es algo que alguien me dijo. Conozco las buenas obras de la Iglesia. Y siempre las he admirado. Quiero levantar mi voz y defender la Iglesia de Cristo, a pesar de todo, mostrarte el otro lado de la historia, la que pasa desapercibida.

Esta es una vivencia que me encanta referir porque te deja grandes enseñanzas. Una tarde un amigo me telefoneó para que lo acompañara a hacer una donación. Es católico. Quería obsequiar alimentos a la Casa de las Misioneras de la Caridad, de la Madre Teresa de Calcuta, en Panamá. Por supuesto accedí. Llegar a ese lugar es una experiencia que debes vivir, encontrarás allí el *escándalo* de la bondad, que no se comprende en un mundo tan materialista. Cuando ves lo que estas santas monjitas hacen por aquellos más vulnerables, enfermos, gente que nadie quiere, te conmueves. Es impensable que abracen y cuiden con tanto cariño a estos ancianos y bebés nacidos con malformaciones. Ellas los ven hermosos pues reflejan el rostro de Jesús. Bajamos del auto bolsas repletas de comida, que las monjitas agradecieron. Cuando nos marchábamos, mi amigo se detiene a la salida. Me volteo a verlo, grandes lágrimas corren por sus mejillas. Apenas me lo creía. Era asombroso ver a este amigo mío, un hombre enorme, musculoso, fuerte, llorando como un niño pequeño. Antes que pudiera preguntarle, me dijo sorprendido:

—No sé qué me ocurre Claudio, no puedo evitarlo. Lloro, pero no de dolor, sino con una extraña felicidad que nunca había experimentado.

—Es el gozo del Espíritu Santo. Dios te lo regala. Hiciste una buena acción y seguro Él se siente complacido contigo.

En el camino me comentó:

—Sentí que estaba en el cielo.

Los laicos también somos iglesia y nuestros actos la afectan para bien o para mal. Tus buenas obras la enriquecen tus pecados y malas obras la hieren.

Hoy fui a misa dominical por primera vez en seis meses de cuarentena. Fue impresionante. Tantas medidas de seguridad, separación y aislamientos entre los asistentes, toma de temperatura en la entrada del templo, gel alcoholado en las manos. Me sentía como el hombre sediento que encuentra un oasis lleno de palmeras, dátiles y agua cristalina para refrescarse. Yo estaba frente a la fuente de agua viva. Y agradecía a Dios la oportunidad que me dio de estar en esa Eucaristía. Veía al sacerdote celebrando la misa con una profunda devoción y me emocioné, te lo confieso. Iba a recibir a Jesús Sacramentado, como si fuese mi Primera Comunión. ¡Cuántas emociones! Vi al instante el valor del sacerdote que nos trae a Jesús. Recé pidiendo a Jesús que me orientara con este libro. ¿Qué debo decirles a los lectores? ¿De qué escándalo deseas que escriba? Y sentí que me respondía: "Del mayor de todos". En ese momento me vi como uno más, en medio de la muchedumbre que seguía a Jesús. Entonces Él dijo: "Yo soy el pan vivo que ha bajado de cielo". "…les dijo: "En verdad, en verdad os digo: si no coméis la carne del Hijo del hombre, y no bebéis su sangre, no tenéis vida en vosotros. El que come mi carne y bebe mi sangre, tiene vida eterna, y yo le resucitaré el último día. Porque mi carne es verdadera comida y mi sangre verdadera bebida. **El que come mi carne y bebe mi sangre, permanece en mí, y yo en él.** Lo mismo que el Padre, que vive, me ha enviado y yo vivo por el Padre, también el que me coma vivirá por mí. Este es el pan bajado del cielo; no como el que comieron vuestros padres, y murieron; el que coma este pan vivirá para siempre." Esto lo dijo enseñando en la sinagoga, en Cafarnaúm. Muchos de sus discípulos, al oírle, dijeron: **"Es duro este lenguaje. ¿Quién puede escucharlo?"** Pero sabiendo Jesús en su interior que sus discípulos murmuraban por esto, les dijo: **"¿Esto os escandaliza?"** —Juan 6, 53-61

—Tienes razón Jesús —le dije—. Es un escándalo mayúsculo. Imagino lo que habrán pensado al escucharte hablar así. Nosotros en el año 2020 aún no terminamos de comprenderlo del todo, por eso con frecuencia exclamamos: "Señor, auméntanos la fe".

Decía el arzobispo americano Fulton Sheen:

"Cristo sufre más con nuestra indiferencia que en la Cruz".

Amable lector, no seas indiferente a tan grande don que se nos da en cada misa. No seas indiferente al amor de Jesús. Él te busca, te llama, te ama, y te espera en los sagrarios del mundo.

Cuando lo visites, ofrece tus oraciones en reparación por los graves pecados cometido en la iglesia. Ganas más con tu oración que con el señalamiento. Hablamos de almas, sí, almas en riesgo de perderse una eternidad.

Nunca olvides la fuerte petición de la Virgen María en Fátima que estremece: *"Orad, orad mucho y haced sacrificios por los pecadores. Son muchas almas las que van al infierno porque no hay quien se sacrifique y rece por ellas".* (agosto de 1917)

Dicen que no hay cristiano sin cruz. La mía me pesa mucho. Pero la llevo con gusto. Es la cruz que Él eligió.

EL ESCÁNDALO DE LA CRUZ

Hay dos escándalos que siempre me han impresionado en la Iglesia. El primero es la cruz. San Pablo no se va por las ramas para advertirlo. "nosotros proclamamos a un Mesías crucificado: para los judíos **¡qué escándalo!** Y para los griegos ¡qué locura!" —1 corintios 1

En nuestros días, no podemos imaginar el tormento de la cruz, el dolor desgarrador, el suplicio interminable. La cruz no deja de ser un escándalo para muchos. En países como China están erradicando las cruces y las quitan de las Iglesias. El símbolo de la Cruz pesa mucho porque es el distintivo de nuestra fe. Biblias, iglesias y cruces son quemadas. San Josemaría escribió mucho sobre la cruz. Este es un pequeño fragmento de un Viacrucis que escribió y me hace reflexionar en el amor incondicional de Jesús: "Amo tanto a Cristo en la Cruz, que cada crucifijo es como un reproche cariñoso de mi Dios: ...Yo sufriendo, y tú... cobarde. Yo amándote, y tú olvidándome. Yo pidiéndote, y tú... negándome. Yo, aquí, con gesto de Sacerdote Eterno, padeciendo todo lo que cabe por amor tuyo... y tú te quejas ante la menor incomprensión, ante la humillación más pequeña..."

Suelo pensar en esa cruz que cargo sobre mis hombros. Algunos lectores me han dicho: "Cómo usted escribe estos libros tan bonitos, seguro no tiene sufrimientos en la vida". Me sonrío agradecido porque sé que sus intenciones son nobles, pero la verdad es que no tienen idea, no saben lo pesada que es mi cruz. Yo la abrazo y le pido a Dios fuerzas para no desfallecer y seguir adelante con ella.

Recuerdo una ocasión en que me quejé con Jesús ante el sagrario por la cruz que llevaba encima. La verdad estaba harto y quería aliviar su peso. Ese día comprendí muchas cosas. En medio de mi oración tuve una especie de "despertar espiritual" y comprendí lo que no podía ver. Es difícil de explicar, pero *supe en un instante* tres cosas importantes por las que dejé de quejarme y hasta la fecha no lo hago más. Sencillamente acepto mi cruz, por pesada que sea, porque sé que es para mi santificación y para purificarme de mis muchos pecados. Pues soy un pecador y ofendo a Dios. Lo segundo que comprendí me dejó con lágrimas en los ojos. Jesús no se bajó de su cruz, aunque tenía todo el PODER para hacerlo. *"Fue maltratado y él se humilló y no dijo nada, fue llevado cual cordero al matadero, como una oveja que permanece muda cuando la esquilan."* (Isaías 53, 7) Nadie lo obligaba a estar clavado en esa cruz con sus dolores atroces. Él lo aceptaba por amor para *rescatarnos del pecado* y restaurar nuestras vidas. Era el Hijo de Dios, y **ningún hombre tenía poder sobre Él.** Sabiendo esto, ahora, cada vez que lo veo en la cruz surge lo más hondo de mi alma un sencillo gesto de agradecimiento y un: *"Te amo Jesús".*

Lo tercero fue espantoso. Me dejó petrificado, con escalofríos y un dolor en el alma de arrepentimiento. Me sentí sin derecho a emitir una queja y decidí cargar mi cruz, la que sé, Él hizo a mi medida. Comprendí que todos mis sufrimientos juntos, todos mis problemas sumados no podían compararse con el dolor atroz de la punta de una de las espinas sobre su cabeza, que le atravesaba la piel, tocándole nervios y haciéndolo sangrar.

¿Sufres? Puede ser un tesoro por extraño que parezca. Santifica tus sufrimientos uniéndolos a los de nuestro Señor en la Cruz. Medita en la pasión de nuestro Señor, contémplalo en la cruz. ¿Has dedicado alguna vez un tiempo para contemplarlo?

Me gusta mirarlo en la cruz y reflexionar. Tengo muchos problemas, pero ninguno le llega a lo que Él sufrió en esa cruz. Me gusta mirarlo en la cruz cuando sufro o tengo dudas o me siento perdido. Su mirada te conmueve, penetra tu alma y su dolor te mueve a amarlo cada vez más. Hay *misterios* que solo se comprenden en el amor. Debes amar para poder entender el misterio. La experiencia del amor de Dios restaurando tu vida hace que todo lo demás parezca insignificante.

Se cuenta de san Josemaría que al visitar a una enferma en un hospital le sugirió que uniera sus sufrimientos a los de Cristo y le decía: "Bendito sea el dolor. Amado sea el dolor. Santificado sea el dolor... ¡Glorificado sea el dolor!"

La Biblia está llena de respuestas y nos da muchos indicios cuando queremos saber por qué. ¿Por qué gloriarnos en el sufrimiento y unirlos a la Cruz? Busquemos en la Escritura… "Más aún; **nos gloriamos hasta en las tribulaciones**, sabiendo que la tribulación engendra la paciencia; la paciencia, virtud probada; la virtud probada, esperanza, y la esperanza no falla, porque el amor de Dios ha sido derramado en nuestros corazones por el Espíritu Santo que nos ha sido dado." (Rm 5, 3–5)

Seguro te preguntarás si este sufrimiento temporal que padeces en algo te ayudará en la otra vida. Acudamos otra vez a las Escrituras. "En efecto, la leve tribulación de un momento nos produce, sobre toda medida, un pesado caudal de gloria eterna…"
—2 Cor. 4, 17

Me veo a veces como un fruto que madura para Dios. Él se encarga de podar el árbol, para fortalecerlo. Es cuando sufres y no comprendes por qué te ocurren estas cosas. Dios te muestra el camino seguro, el que lleva al Paraíso. El camino de la Cruz. Una vez miré la cruz que colgaba encima del altar y le dije a Jesús: *"Te amo"*. Me pareció escuchar en el corazón esta pregunta: *"Y mi cruz, ¿la amas también?"*

Dios se ha encargado, a lo largo del tiempo, de recordarnos algo importantísimo: *"Somos ciudadanos del cielo, hijos suyos y herederos del paraíso"*. Por ello la importancia de vivir en estado de gracia. Vamos de paso, pero con una misión que Dios nos encomienda. Esto siempre me ha llenado de emoción: *"Saber que para Dios somos importantes"*. *"No temas —* te dice Dios —, *porque yo te he rescatado, te he llamado por tu nombre, tú eres mío"*. —Is 43,1

No recuerdo si te conté alguna vez. Trabajé en una empresa de repartos y tenía días que veía la pared desnuda de mi oficina, sin cuadros ni ventanas, completamente vacía. Sentía que algo me faltaba.

Por momentos me detenía en el trabajo y hacia breves ratos de oración. Era de lo más sencillo. Conversaba con Jesús. Imaginaba que lo acompañaba y charlábamos. Es una costumbre, algo que suelo hacer cada cierto tiempo a lo largo del día, con pequeñas charlas o jaculatorias. Le digo que le quiero y le pido que restaure mi alma y fortalezca mi fe.

Hay una petición que me agradaba mucho hacerle en esos ratos de oración. La aprendí de un obrero sencillo. Una madrugada me despertó el cantó de ese humilde obrero que pasaba caminando frente a mi casa, camino a su trabajo. Con gran fervor iba entonando esta canción:

"Sáname Señor Jesús, como solo sabes Tú".

Me impresionó muchísimo ver la amistad que este hombre tan humilde tenía con Jesús. Me encantaba repetir su jaculatoria porque experimentaba la cercanía, la amistad, y el inmenso amor de Jesús. Escríbela en algún papelito y apréndetela. Repítela a lo largo del día. Tendrás presencia de Dios.

Una tarde me fije en aquella pared desnuda y comprendí: "falta una cruz, que me recuerde mi vocación, que estamos llamados a la santidad". Como no tenía ninguna tomé un pedacito de papel, dibujé una y la pegué. Desde aquella tarde, mi cruz de papel me acompañaba durante el trabajo. La veía, rezaba y reflexionaba en el sacrificio de Jesús. Me hacía amarlo más, experimentar su presencia, su ternura. Un día fue diferente. Tenía algo de solemne, especial. Llevaba conmigo una cruz de madera, sencilla, para reemplazar la de papel. Invité a un amigo que trabaja en el edificio. La pegamos en la pared y le dimos la bienvenida nuevamente a Jesús a mi oficina, al edificio. Luego rezamos un Padre Nuestro. Me sentí feliz de saber que aquella cruz, símbolo de nuestra fe, motivo de escándalo, me acompañaría en el trabajo. Ver aquella cruz me recordaba su amor y me hacía amarlo, pensando inquieto, cómo fue capaz de realizar aquel sacrificio por esta humanidad.

En varios de mis libros menciono a mi papá, su terrible enfermedad, su conversión que tocó tantas vidas y su muerte que le abrió las puertas del Paraíso. Yo estaba con él, abrazándolo fuerte, hablándole de los goces del cielo, de las maravillas que vería allá, a medida que se iba apagando como una vela. Mi papá era hebrero, pero se convirtió al final de sus días gracias a tres mujeres que influyeron en él. Mi mamá, la sierva de Dios sor María Romero Meneses, una religiosa salesiana de Costa Rica y la Madre Teresa de Calcuta con quien tuvo un encuentro extraordinario y viajaron juntos en avión. Cuando murió, mi mamá me entregó un pequeño librito que siempre tuvo al lado de su cama, en la mesita de noche, y que solía leer y releer. Cuando lo abrí me llevé una sorpresa. Sus páginas estaban marcadas, subrayadas. Una en particular tenía rayas gruesas. Me senté en una banca afuera de la casa de mi mamá para leerlo, conocer aquello que tanto llamó la atención de mi papá en medio de su dolorosa enfermedad. El libro se titulaba: "Imitación de Cristo" y el autor era Tomás de Kempis. Te transcribo lo que leí:

"Esta palabra parece dura a muchos: Niégate a ti mismo, toma tu cruz, y sigue a Jesús. Pero mucho más duro será oír aquella postrera palabra: Apartaos de mí, malditos, al fuego eterno. Pues los que ahora oyen y siguen de buena voluntad la palabra de la cruz, no temerán entonces oír la palabra de la eterna condenación. Esta señal de la cruz estará en el cielo, cuando el Señor vendrá a juzgar. Entonces todos los siervos de la cruz, que se conformaron en la vida con el crucificado, se llegarán a Cristo juez con gran confianza. Pues que así es, ¿por qué tenéis tomar la cruz, por la cual se va al reino? En la cruz está la salud, en la cruz la vida, en la cruz está la defensa de los enemigos, en la cruz está la infusión de la suavidad soberana, en la cruz está la fortaleza del corazón, en la cruz está el gozo del espíritu, en la cruz está la suma virtud, en la cruz está la perfección de la santidad. No está la salud del alma, ni la esperanza de la vida eterna, sino en la cruz. Toma, pues, tu cruz, y sigue a Jesús, e irás a la vida eterna".

Guardo el libro como un pequeño tesoro de espiritualidad. De cuando en cuando lo busco en mi pequeña biblioteca y lo leo. Descubrí una de sus páginas más gastada que las demás. Se nota claramente que era lo que leía y releía. Éste es el texto: "¡Ojalá que fueses digno de padecer algo por el nombre de Jesús! ¡Cuán grande gloria te resultaría! ¡Cuánta alegría a todos los Santos de Dios! ¡Cuánta edificación sería para el prójimo!"

Cerré el libro. De alguna manera Dios me estaba hablando. Y me preguntaba compasivo: "¿Ahora comprendes Claudio?" Y yo le respondía: "Ahora comprendo Señor". Tienen sentido tus palabras: "¿De qué le sirve al hombre ganar el mundo entero si pierde su alma?"

Pero, ¿por qué la cruz? Es la pregunta que me he estado haciendo en estos días: "¿Por qué un sufrimiento tan atroz? ¿Acaso no eres el hijo de Dios?" Llevo sobre mi cuello colgada una Tau, la cruz franciscana. La miro y aun así me cuesta comprender.

"¿Por qué la cruz, Señor?", le pregunto insistente.

"Acércate Claudio, mírame en la cruz. Observa con cuidado. ¿Qué ves?"

"Algo espantoso. Cruel. De estar allí me habría indignado y peleado por ti".

"Así han dicho algunos, Claudio. Así me dijo Pedro. Y en el momento de la prueba me negó. Así tenía que ser. Cayó y fue redimido, consolado., perdonado. Esta prueba fue un cáliz amargo que el Padre me dio, ¿Lo iba a rechazar?... Lo hice por ti, por ustedes".

"Te miro en la cruz Señor y no comprendo, ¿por qué te dejaste?"

"Por amor".

EL ESCÁNDALO DEL PERDÓN

¿Qué nos diferencia como católicos? La virtud del perdón. Debemos ser capaces de perdonar y olvidar, por amor a Jesús. ¿Lo has pensado? Es un escándalo. Aquella persona te ha hecho daño y tú la perdonas. Cuántos católicos han muerto producto de persecuciones perdonando a sus asesinos. Supe de este sacerdote al que secuestraron y torturaron. Con el tiempo fue liberado. Un día caminando por una acera se encontró de frente con su torturador que caminaba en dirección suya. Su torturador lo miró asustado, se detuvo unos segundos y luego continuó. El sacerdote le sonrió, lo abrazó y le dijo al oído: "te perdono". He sabido de muchas personas a las que les hacen la vida imposible en el trabajo: un vecino que te fastidia, o alguien que te roba y arruina tu negocio. Hace poco supe de este ejecutivo al que despidieron de la empresa en que laboraba. Sus propios compañeros de trabajo, sus amigos, malintencionados, fueron los que le hicieron el daño, hablando mal de él, sembrando insidias y desconfianza. Salió de la empresa con un nudo en el alma, desgranando sus malos deseos, preparando la venganza perfecta. Odiaba, con todo lo que se puede odiar. Así pasó tres días, sin poder perdonar lo que le hicieron.

La mañana del último día despertó con un fuerte dolor en el pecho. Una ambulancia lo llevó al hospital. Estaba sufriendo un ataque al corazón. El doctor que lo atendió, al saber por lo que pasaba, le advirtió: "O usted perdona, o se muere". Y él, resignado, respondió: "Perdono". Escogió la vida y perdonó. Cuando te animes a perdonar y no sepas cómo hacer, o dónde empezar, te recomiendo consultar al que mejor lo ha sabido hacer: Jesús. Visítalo en el Sagrario y dile: "Ayúdame, Jesús". Te aseguro que el cambio será inmediato. Lo he visto cientos de veces. Jesús es tan bueno que no te dejará marchar sin una respuesta suya. Vale la pena hacerlo. La verdad es que vivir odiando es lo mismo que no vivir. Porque no disfrutamos nada. Es mejor perdonar y recuperar la alegría, la esperanza, la ilusión de cada mañana. ***Perdona y serás perdonado.***

Recuerdo una tarde que salí muy molesto del trabajo. Un compañero me había indispuesto injustamente con los dueños de la empresa y me sentía profundamente adolorido.

Mientras conducía el auto pensaba en aquello y repasaba en mi mente todo lo que había pasado.

Pude haber hecho tantas cosas y no las hice. Prefería callar. Quedarme en silencio.

Siempre he tenido presente las palabras de Jesús, y sabía que en último momento Él me defendería.

Sin embargo, no podía olvidar ni perdonar.

—Señor —le dije — ¿me pides perdonar?

—Setenta veces siete.

—Pero es tan difícil, ¿cómo puedes pedirme que perdone?

—Dios hace salir el sol sobre buenos y malos, a todos les toma en cuenta con la esperanza que al final retomen el camino del bien y regresen al Padre. Él desea que todos se salven, incluso los fariseos que habitan el mundo.

—Si Dios hace esto por la humanidad —le dije — Debiera ser bueno como Él... ¡pero no puedo!

No encontraba respuestas y mi corazón se obscurecía como cuando está por caer una tormenta con truenos y centellas. Entonces oré con estas palabras:

"Señor, dame la clave para perdonar".

En ese instante ocurrió algo maravilloso que aún recuerdo. Fue tan inesperado. De pronto en mi mente imaginé a Jesús clavado en su cruz, sufriendo atroces dolores por los clavos, la corona de espinas, los latigazos que le desgarraron la piel, los escupitajos en la cara, la nariz rota, los hombros dislocados... En un momento sublime en que se paralizaron la tierra y el Paraíso, miró con un esfuerzo sobrehumano al cielo y decía: *"Padre, perdónalos, porque no saben lo que hacen"*. —Lc 23,24

Entonces comprendí. Sus palabras eran la clave, la llave del perdón; una oración al Dios omnipotente, Todopoderoso, llamándolo Padre. Un padre bueno al que implora:

"Perdónalos".

Qué maravillosa escena. A pesar de aquello que le han hecho, tiene fuerzas y ánimo para pedir a su Padre que los perdone. A continuación, viene la esencia del perdón, y entendemos por qué pide esta gracia sobrenatural para todos los que le han maltratado y herido: "Porque no saben lo que hacen".

— ¡Bravo! —Exclamé emocionado —De esto se trata. Perdonar, porque *"no saben lo que hacen"*.

En ese momento pude perdonar. ¡Qué bueno es Dios! Aprovecha todas las ocasiones para darnos una lección, una reflexión que eleve un poquito nuestra alma hacia Él; y nos ayuda a subir otro escalón hacia el Paraíso.

He sido más feliz desde ese día. Ahora no sólo puedo perdonar y "olvidar" sino también he llegado más allá, rezando por estas personas.

Esta experiencia la he compartido con cuanto encuentro en una situación similar. He visto a Dios actuar en sus vidas. Lo veo transformándolos, sanando sus corazones heridos, sacando de sus almas las astillas del resentimiento que guardan muy profundamente y que a través de los años se incrustan más y más, causando dolor y amargura.

El buen Dios es el médico de las almas. Las atrae hacia Él, con ternura, bondad y misericordia.

Cuando alguien me dice: "No puedo perdonar", le respondo: "Setenta veces siete". Me vuelve a decir: "¿Cómo hacerlo?" y otra vez le digo: "Setenta veces siete". Basta esto para hacerlo entender.

*Hay muchas razones para odiar,
pero hay más para perdonar.*

"Pues no nos estamos enfrentando a fuerzas humanas, sino a los poderes y autoridades que dirigen este mundo y sus **fuerzas oscuras, los espíritus y fuerzas malas** del mundo de arriba."

—Efesios 6, 12

CAPÍTULO SEIS

LA BATALLA ESPIRITUAL

¿Qué nos recomienda el gran san Agustín?

"No nos retiremos de la iglesia porque veamos que hay cizaña en ella, únicamente hemos de esforzarnos en ser nosotros trigo".

¿AMAS A JESÚS?

Hace poco leí en una revista, sobre este magnífico predicador que dijo: "Busqué la felicidad en la vida elegante, en el aturdimiento de bailes y fiestas; la busqué en la posesión del oro, en la emoción del juego, en todos los placeres de los sentidos y del espíritu... La mayoría de los hombres tiene una idea equivocada sobre la propia naturaleza de la felicidad, buscándola allí, donde no está... Se ama la felicidad y JESUCRISTO única felicidad posible, no es amado... ¡Dios mío! ¿Cómo puede ser esto? ¡El Amor no es amado! ¿Por qué? Porque no es conocido. Todo es motivo de estudio, excepto Él... Oh, todos los que me escucháis: ¿Acaso es necesario que venga un judío a suplicar a los cristianos que adoren a JESUCRISTO?... Pero podréis decirme: "No creo en Jesucristo". Yo tampoco creía en Él, ¡Y por eso, precisamente, era desgraciado!"

Este predicador se llamó Hermann Cohen. Era judío. A los 26 años, un viernes del mes de mayo de 1847, le pidieron que dirigiera un coro en la iglesia de Santa Valeria en París. Hermann escribió: "Acepté inspirado en el arte musical y por la satisfacción de hacer un favor.

Cuando llegó el momento de la Bendición con el Santísimo Sacramento, experimenté una turbación indescriptible. Me vi obligado a inclinarme hacia el suelo, sin que mediara mi voluntad. Regresé el viernes siguiente y quedé impresionado de la misma manera y de súbito me vino la idea de hacerme católico".

—www.claival.com

Este Judío convertido al catolicismo fundó la Asociación de Adoración Nocturna de los hombres, para reparar las injurias al Santísimo Sacramento. Es también conocido el caso de André Frossard, enemigo declarado de la Iglesia y secretario del partido comunista en Francia. Entró a una iglesia en busca de un amigo, y se encontró con Jesús. Escribió sus experiencias en un libro titulado: *"Dios existe. Yo me lo encontré"*.

~~~

TIENES UNA MISIÓN

Dios te ha creado con un fin, un propósito que debes lograr. ¿Cuál es? Te toca descubrirlo. Sé que estamos llamados al amor, que debemos amar a Dios sobre todas las cosas, amarnos a nosotros y amar al prójimo. Ante todo, **debemos amar.** La Madre Teresa solía decir:

"Dios siempre cuida sus criaturas, pero lo hace a través de los hombres. Si alguna persona muere de hambre o pena, no es que Dios no la haya cuidado, es porque nosotros no hicimos nada para ayudarla. No fuimos instrumentos de su amor, no supimos reconocer a Cristo bajo la apariencia de ese hombre desamparado, de ese niño abandonado".

Mi experiencia es que todos tenemos una misión. No fuimos creados al azar o por casualidad. No somos un experimento fallido. Hay algo que se nos encomienda hacer y que llenará nuestras vidas.

Hay que escuchar a Dios en el corazón, porque esa allí donde le habla al hombre. Debes estar abierto a estas inspiraciones divinas. Santa Eufrasia escribió: *"Un alma vale más que un mundo".* Y es verdad, tú vales más que todos los mundos que existen, en todas las galaxias juntas. Vales demasiado. Eres importante y estás destinado a grandes obras. No pareciera, ¿verdad?

Eres un joven y te dices: *"¿Yo? ¿Grandes cosas?, ahora sí me ha hecho reír. ¿No te das cuenta que es poco lo que puedo hacer?"* Si en este momento tuvieses un telescopio que te permitiera ver el futuro, me darías la razón.

Espera, antes de seguir con estos pensamientos, debes conocer lo que Dios opina de ti. Veamos que te dice y piensa desde la eternidad: *"Tú vales mucho a mis ojos, yo doy a cambio tuyo vidas humanas; por ti entregaría pueblos, porque te amo y eres importante para mí."* —Is 43, 4

Basta una mirada de Jesús, para cambiar las almas. Las llena de paz y alegría. Por esto suelo llevar a mis amigos a visitarlo, en el Sagrario. Cuando me cuentan sus problemas les digo: "*Sé quién puede ayudarte*". Y los llevo ante Jesús Sacramentado.

Lo he visto cientos de veces. Y no me quedan dudas. Jesús está allí, por nosotros. Y nos llama desde el Sagrario. Nos invita a visitarlo y consolarlo. A pasar ratos con Él.

Y tú, ¿qué harás por Jesús? ¿Lo amarás? Reconoce su divina presencia en el Santísimo Sacramento. *¿Qué puedo hacer por Jesús?*

Escuchemos a una santa (Margarita María):
"Cuando te levantes, entra en el Sagrado Corazón de Jesús y conságrale tu cuerpo, tu alma, tu corazón y tu ser por completo, para solamente vivir por su amor y gloria".

*Nunca lo olvides.
Nuestra Patria*
es el cielo.

EN EL SILENCIO

Debes hacer silencio, de cuando en cuando, para que puedas escuchar su dulce voz. Madre Teresa se dio cuenta de esto y dijo: "En la vida actual hay demasiado ruido, y eso hizo que la gente llegue a temerle al silencio. Saben que, si se callan, van a escuchar de verdad y eso a veces suele ser muy doloroso".

No le temas al silencio, a estar con Dios. Es lo más hermoso que podrás hacer en tu vida, reencontrarte con tu Padre, escucharlo, permanecer en su presencia amorosa. Acostúmbrate a orar. Así podrás acercarte a Dios. El Padre Pio solía decir que "La oración es la llave que abre el corazón de Dios". Hazlo poco a poco y verás cómo le vas a tomar el gusto a la oración.

Lo olvidaba, lo más importante para iniciar este camino es una buena confesión sacramental. Te ayudará enormemente, a librarte de culpas y temores. Te permitirá restablecer la pureza de tu alma y la unión con Dios. Tengo amigos que se confiesan cada semana. Les encanta este sentimiento de serenidad y alegría que les inunda el alma al saber que están en paz con Dios. A veces andamos desnutridos por la vida, por eso flaqueamos y no podemos superar los problemas. Parecemos atletas mal entrenados. Y es que olvidamos alimentar nuestro espíritu, con buenas lecturas, cultivando amistades duraderas, practicando deportes y sobre todo alimentándonos con el Pan que da vida, la vida Eterna.

"Éste es el pan que ha bajado del cielo; no es como el maná que comieron sus padres, pues murieron. El que come de este pan vivirá para siempre".
—Jn 6, 58

¿Dónde puedo alimentar mi alma y fortalecerla? *En Misa.* Contaba este buen sacerdote que, en China, cuando permiten Evangelizar y las personas acuden a misa, muchos lloran emocionados al comulgar. Les impresiona pensar que están comiendo el pan de vida eterna.

"¿Por qué ir a misa?" reflexionaba el sacerdote, *"no porque me obligan sino porque lo necesito. Debo comer al menos una vez a la semana para mantenerme vivo. En misa comes el alimento espiritual por excelencia y te llenas de paz y esperanzas".*

RAZONES PARA VIVIR

Hay personas que necesitan razones para vivir. Sus vidas transcurren "matando el tiempo, consumiéndose". No viven plenamente, ni disfrutan el tesoro de cada amanecer, cada despertar, un ocaso, la brisa marina, la lluvia fresca, las flores coloridas, el sol, la luna, los pequeños insectos, las piedras del camino.

Hace unos días, mi esposa Vida y yo veíamos por televisión, una entrevista que le hacían a un escritor español. Recibió una pregunta inusual: *"Denos tres motivos para vivir"*.

El escritor, luego de pensarlo brevemente, respondió: *"Uno, dos y tres"*. Nos sonreímos por esta originalidad. Y es que, si lo piensas bien, para vivir no necesitamos motivos. La vida en sí misma es un regalo que Dios nos da, una oportunidad de hacer obras buenas y ganarnos la Eternidad. Además, en este camino, Dios nunca te abandona ni se aleja de ti. Te lo ha dicho de mil maneras:

"No temas, yo estoy contigo". —Isaías 41: 10

Y como si esto no bastara sabemos que: *"En él vivimos existimos y nos movemos"*. —Hechos 17, 28

¿Y cómo puedo permanecer en Él? Muy sencillo, también nos dieron la respuesta a esta interrogante. Lee con atención: *"Mi carne es verdadera comida y mi sangre es verdadera bebida. El que come mi carne y bebe mi sangre, permanece en mí y yo en él"*. —Jn 6, 56

Los motivos para vivir los encontramos en Dios, que es nuestro Padre y nos ha creado. Alejados de Él, sólo podemos hallar incertidumbres y angustias. Lo he visto en tantas personas. Conozco algunas que son profundamente infelices y a otras que son felices y andan por el mundo con una sonrisa en los labios. A diario me encuentro con ellos. La presencia de Dios es como un sello en la frente de aquellos que irradian alegría.

Un amigo me contó que fue al interior del país a comprar unas artesanías para su casa. Llegaron a un puesto en la carretera. Se estacionó a un costado.

De pronto salieron de una cabaña desvencijada cinco niños corriendo felices hacia él. Y luego salieron el papá y la mamá, pobres hasta no más, pero inmensamente felices. Mi amigo me preguntaba: *"¿Cómo es esto posible si no tan pobres?"* La respuesta es muy sencilla. *"Valoran la familia. Viven con Dios en medio de ellos"*.

La presencia de Dios es la diferencia entre un hogar feliz y uno que no lo es. Porque Dios todo lo envuelve, lo arregla y lo dispone con su Amor.

En la última Feria del Libro estaba distraído en mi puesto de ventas acomodando mis libros y de repente llegó un grupo de muchachos alegres que venían ilusionados. Sus miradas les brillaban de pura felicidad y reflejaban paz y serenidad. Me acerqué a ellos y les pregunté:
—Disculpen, ¿ustedes son seminaristas?
Ellos sorprendidos me dijeron:
—¿Cómo lo sabe?
—Ahh, es porque están felices.
No comprendieron mi respuesta y añadí:
—Miren a su alrededor, ¿cuántas personas ven que sonríen?
—Muy pocas— reconocieron.
—Ustedes hacen la diferencia. Son felices porque llevan a Dios, en sus corazones. Lo irradian a los demás, lo dan a conocer.

*"Si alguno de vosotros está a falta de sabiduría, que la pida a Dios, que da a todos generosamente y sin echarlo en cara, y se la dará. Pero **que la pida con fe, sin vacilar**..."*

—Santiago 1, 5-6

POR TI SEÑOR

Cada que paso una dificultad y no tengo fuerzas para resolverla, visito la capilla de la Medalla Milagrosa y le digo a Jesús: *"Señor, no sé qué hacer. Te dejo este problema"*.

Al día siguiente, de la forma más insospechada, todo se soluciona. Creo que Dios lo hace así, para enseñarnos a confiar. Mientras más confiamos, más nos da. Un amigo me lo confirmó una vez cuando exclamó emocionado: *"¡Nadie le gana a Dios en generosidad!"*

Él se preocupa por nuestro bienestar económico, espiritual, familiar. Nada escapa a su ternura y su amor de Padre. Es muy detallista. Me encanta que sea así con todos nosotros. Está presente hasta en los detalles que parecen insignificantes.

Recuerdo una vez que conducía el auto de noche. Llegué a una intersección. Un auto delante de mí no avanzaba. Tuvo muchas oportunidades para cruzar, pero no las aprovechaba. Empezaba a impacientarme e iba a tocar la bocina del carro cuando sentí una voz interior que me detuvo: *"No lo hagas"*.

Pensé para mis adentros: *"Por ti, Señor, no lo haré"*. Esperé unos minutos y de repente se abre la puerta del auto, se bajó un muchacho y abrió la capota para revisar el motor. Entonces comprendí: *¡Su auto se le había dañado!*

Cada vez que lo cuento, encuentro personas que se sorprenden. No pueden creer que estas cosas ocurran. Me basta decirles: *"Haz la prueba. Confía en Dios"*. Es admirable. A los días se me acercan para contarme vivencias increíbles que les han pasado, *"gracias al buen Dios"*.

Aprenden a reconocer la presencia del Padre eterno. Y empiezan a cambiar.

~~~

VIVIR EL EVANGELIO

Me parece haber leído un escrito de Chiara Lubich, la fundadora del Movimiento de los Focolares, afirmando: *"El Evangelio se cumple"*.

"¿Cómo será esto?", me preguntaba. Pasé unos años difíciles y la Providencia no se hizo esperar. Recordé estas palabras cuando leí: "No anden preocupados ni digan: ¿tendremos alimentos?, o ¿qué beberemos?, o ¿tendremos ropas para vestirnos? Los que no conocen a Dios se afanan por estas cosas, pero el Padre del Cielo, Padre de ustedes, sabe que necesitan todo eso. Por lo tanto, busquen primero el reino y la justicia de Dios, y se les darán también esas cosas". —Mt 3,31-33

Yo me encontraba en esa búsqueda y nunca me faltó nada. *¡Era verdad, el Evangelio se cumplía al pie de la letra!*

Siempre estoy aprendiendo cosas nuevas. Hace poco un buen sacerdote me dijo: "Santo no es el que nunca cae, sino el que siempre se levanta". Te lo cuento para animarte a seguir, aunque hayas caído cien, o mil veces. ¿Cómo te puedes levantar de nuevo? Dios no ha escatimado medios para que lo hagas. Tienes el auxilio de nuestra Madre celestial, las oraciones de la Iglesia, los sacramentos, el Amor del Padre, tu familia y a tu Ángel de la guarda.

NUESTRO MAYOR ENEMIGO

Nuestro mayor enemigo en esta lucha espiritual, es el demonio. Lo dejamos actuar con demasiada facilidad, aceptando sin luchar sus insinuaciones.

Cuando el diablo ataca siembra en nosotros la desesperanza. Pierdes la alegría de vivir, la ilusión por las cosas pequeñas. Olvidamos lo hermosa que es la vida.

Cuando el diablo ataca, te llenas de inquietudes y angustias, de un odio profundo, un deseo irracional de hacer daño, de vengar las ofensas.

Cuando el diablo ataca, te hace olvidar que existe. Cuando el diablo ataca nos hace perder la vergüenza. Vives el momento en una euforia de la que te arrepientes el resto de tu vida.

El diablo con sus insidias marchita tu alma y la destruye. Un hijo de Dios debe saber cómo reconocer los ataques sutiles del demonio.

Decía un sacerdote que el diablo es como un león que ruge, fuertemente encadenado. Sólo si te acercas podrá hacerte daño.

El problema es que solemos acercarnos al león, disfrazado de oveja, hasta meter nuestras manos y nuestras almas entre sus fauces.

La magnitud y el horror del pecado es algo que ni siquiera puedes imaginar.

¿Qué mueve al demonio? su odio. ¿Qué desea? Tu alma. Se goza cuando ofendes a Dios. Disfruta viendo cómo las almas de los elegidos se pierden.

Se cuenta que santa Teresa pudo ver un alma en pecado mortal, y casi muere de espanto ante esta horrorosa visión.

Son almas muertas, alejadas de Dios, en las que no hay alegrías ni esperanza. No encuentran el camino de vuelta, porque se sumergen profundamente en su propio pecado. Los videntes de Fátima las vieron cuando tuvieron la visión espantosa del infierno.

LA ORACIÓN

¿Oras? ¿Te has acostumbrado a hablar con Dios? Decía el buen Padre Ángel en uno de sus retiros: *"Quien no ora, no necesita diablo que lo tiente"*. Y es que quien no ora vive en tal debilidad espiritual que cualquier susurro del demonio lo hará caer.

San Juan Crisóstomo tiene un pensamiento que aclara el valor de la oración: *"Nada vale como la oración: hace posible lo que es imposible, fácil lo que es difícil"*.

Tan importante es este hablar íntimo y cercano con nuestro Padre celestial, que nunca podremos medirlo en la tierra. La oración es el lenguaje de Dios. No importa en qué idioma reces. Él siempre comprenderá.

Llevo días pensando en la oración. Cuánta falta nos hace. Les pregunté a unos jóvenes que encontré reunidos en una parroquia: *"¿Cómo puede un joven saber lo que Dios quiere de él?"* Ellos me respondieron: *"por medio de la oración"*. Cuando iba saliendo el más entusiasmado se me acercó para decirme: *"Y si este joven cree que no sabe orar, dígale que no se preocupe. Igual Dios lo va a escuchar"*.

Chiara Lubich escribió:

"No podemos vivir sin respirar y la oración es la respiración del alma, la expresión de nuestro amor a Dios".

Es verdad, pensé, tantas almas que mueren por falta de oración. Caen con tanta facilidad en el pecado mortal.

¿QUÉ DEBO HACER?

Hoy, cuando salí del trabajo, me sentí un poco apesadumbrado. ¿Te ha ocurrido? La verdad es que vivimos en un mundo tan violento que es difícil vivir la santidad. Siempre encuentras personas que desean hacerte daño. Las tentaciones abundan, los malos ejemplos sobreabundan. Pareciera que ya no hay fe y que todo está perdido.

Generalmente, cuando me siento así, busco a un sacerdote. Suelo confesarme y pedir su consejo. Iba reflexionando en esto, camino a la Iglesia: *"¿cómo entrar al Paraíso?"* Encendí la radio y sintonicé una emisora católica en la que oraban con este salmo:

*"Señor, ¿quién entrará bajo tu tienda
y habitará en tu montaña santa?*

*El que es irreprochable y actúa con justicia,
el que dice la verdad de corazón
y no forja calumnias;
el que no daña a su hermano
ni al prójimo molesta con agravios".*

Dios me estaba hablando, como nos habla a todos en la Biblia. Pero esta vez me hablaba directamente a mí. Me mostraba el camino. Respondía mis preguntas. *¿Qué me decía Dios?* Que debemos actuar con justicia, que hay que decir la verdad de corazón y no dañar ni desear mal a los demás.

Dios es amor y debemos seguirlo sin miedos. Por eso San Agustín repetía:

"Ama, ama bien, y luego haz lo que quieras, porque quien ama verdaderamente a Dios, no será capaz de hacer lo que a Él le desagrade y en cambio se dedicará a hacer todo lo que a Él le agrada".

Pero, somos tan débiles... *¿Quién podrá lograrlo? ¿Cómo perdonar tantas ofensas con que nos lastiman a diario? ¿Cómo voy a reconciliarme con mi hermano?*

No te desanimes. Si tu vida de pecados te aleja de Dios, entonces es tiempo de enmendarte. Inicia un nuevo camino, el que lleva al Padre. Dios te ama. La verdad es que **ha *enloquecido* de Amor por nosotros.**

¿Cómo voy a superar mis debilidades? Tienes tantas dudas. Y es que este mundo te enseña a dudar. Sin embargo, los cristianos tenemos la gracia sobrenatural y el amor de Dios, que está por encima de todo.

Y, para fortalecerme, ¿qué puedo hacer?

La Eucaristía es la fuente de la que recibirás el agua viva, que es Jesús. Por eso la *comunión diaria* es tan importante en nuestros tiempos.

¿Hace cuánto que no recibes el abrazo tierno de Jesús? ¿Cuántos años llevas, sin recibir lo en la santa Comunión? ¿No sientes cómo arde tu corazón cuando pasas frente a una Iglesia donde está Jesús Sacramentado? Él es el pan vivo que ha bajado del cielo para ti.

Frente a mi casa se ha mudado el Opus Dei. Tienen una hermosa capillita con un sagrario. Suelo asomarme desde mi ventana para verlo y que Él me vea. Está allí, verdaderamente, como en todos los sagrarios del mundo entero. Por eso cuando me preguntan quién es mi vecino, les respondo: *"Mi vecino se llama Jesús".*

¿Y cómo recupero la paz? Camina por el sendero del bien. Participa con entusiasmo en los apostolados de nuestra santa Madre Iglesia. Anima a los sacerdotes.

Trabaja por el Reino y la salvación de las almas. A veces pensamos demasiado en nosotros mismos y nos olvidamos de los demás.

Sor María Romero, Hija de María Auxiliadora, lo sabía bien, por eso anotó en su diario espiritual:

"¡Gastar el tiempo en servicio de Dios y bien de las almas! ¿Acaso puede haber ocupación más provechosa para una vida tan corta como la presente?"

"Tu misión está clara. Debes ser la sal de la tierra y la luz del mundo".
(Mateo 5, 13-14)

~~~

DIOS TE AMA

Seguramente piensas que el mundo es injusto y nadie puede comprenderte, menos un adulto que sólo piensa en sus problemas y su trabajo. Tal vez muy pocos te entienden. Pero sí sé otras cosas, las he aprendido a lo largo de mi vida y son de las que te quiero contar.

Lo primero, *es que Dios te ama.*

Lo segundo es que eres importante.

Lo tercero es que no estás por casualidad en este mundo.

A lo largo de mi vida he experimentado su dulce presencia y me he percatado de cómo me ha cuidado indicándome qué hacer, por dónde tomar. Sobre todo, he sentido sus palabras en mi corazón diciéndome una y otra vez: "No temas, Yo estoy contigo".

No te cuento las cosas que he leído, sino las que vivo y experimento. Sé que Dios está vivo. Es nuestro Padre y lo da todo por nosotros. Su Amor es un amor eterno, incondicional, e inmenso. La verdad es que Dios te ama con locura.

Sufre contigo, se alegra por tus triunfos y tiene sus esperanzas puestas en ti. A cambio, ¿qué espera? Algo tan sencillo que parece increíble: *tu amor*. No aspira a más, *sólo que lo ames*, porque Él te ama.

Qué le responderías a Dios si un día se te aparece y te pregunta: *"¿me amas?"*

¿Puedes imaginar lo que sintió san Pedro en esta escena? Tiene que haber sido algo extraordinario:

"En aquel tiempo, le preguntó Jesús a Simón Pedro: "Simón, hijo de Juan, ¿me amas más que éstos?" Él le contestó: "Sí, Señor, tú sabes que te quiero." Jesús le dijo: "Apacienta mis corderos." Por segunda vez le preguntó: "Simón, hijo de Juan, ¿me amas?" Él le respondió: "Sí, Señor; tú sabes que te quiero." Jesús le dijo: "Pastorea mis ovejas." Por tercera vez le preguntó: "Simón, hijo de Juan, ¿me quieres?" Pedro se entristeció de que Jesús le hubiera preguntado por tercera vez si lo quería, y le contestó: "Señor, tú lo sabes todo; tú bien sabes que te quiero." Jesús le dijo: "Apacienta mis ovejas".
—Jn 21, 15-19

Me gusta cambiar el nombre de Simón por el mío y es como si Jesús me preguntara:

"Claudio, ¿me amas?"

Y yo le respondo:

"Señor, tú lo sabes todo, tú sabes que te amo".

A Él le encanta saber que lo amamos. Es lo que más disfruta escuchar.

Ahora cambiemos el nombre de Simón por el tuyo. *¿Te animas?* Escribe tu nombre en la línea e imagina que Jesús te pregunta:

"_____,

¿me amas?, ¿en verdad me amas?"

Y tú respondes:

"Señor, tú sabes que te amo".

Y Jesús, emocionado por ti, te responderá:

"Gracias, yo también te amo".

Al crecer perdemos algunas virtudes importantes. Con el tiempo se desvanecen la inocencia, la curiosidad, la capacidad de sorprendernos con el mundo. Redescubrir nuestro mundo es algo maravilloso que los pequeños disfrutan al máximo.

¿Alguna vez los has visto jugando en un parque? Corren de acá para allá. Siempre ríen. Nunca se cansan. Todo lo preguntan, la naturaleza les impresiona, llenan sus bolsillos con piedrecillas, flores secas, tierra desmenuzada… la vida es maravillosa para ellos.

Tal vez por esta facilidad para la pureza y la admiración, el ilusionarse y ser felices, Jesús nos dijo: *"Hay que ser como niños para entrar en el reino de los cielos".* Porque el niño lo posee todo: la pureza, alegría, entusiasmo y confianza.

Con Dios te sientes amado, protegido, feliz. Sabes que es tu Padre y lo hará todo por ti.

~~

ERES IMPORTANTE PARA DIOS

Tan importante que lleva tu nombre tatuado en la palma de su mano (Is 49,16). Así nunca se olvida de ti. Vives en sus pensamientos. Eres su alegría, su mayor ilusión.

¿Por qué Dios quiere que seas santo?

Porque los santos son felices.

Y Él quiere que seas feliz.

Sólo con pensarlo ya Dios se puso en camino y salió a tu encuentro. Estará junto a ti, con los brazos abiertos de un padre emocionado, porque abrazará a su hijo amado. Por lo general, no es necesario que des siquiera el primer paso, Dios sale a tu encuentro porque conoce tus pensamientos, tus intenciones y puede leer lo que albergas en tu corazón. Dios es un Padre amoroso que siempre sale al encuentro de sus hijos. Hace muchos años descubrí lo valioso que era vivir en su presencia. El Papa Benedicto XVI dijo en una ocasión que *"quien vive en las manos de Dios, siempre cae en las manos de Dios"*.

Cuando vives en la presencia de Dios y conservas tu alma pura, cualquier trabajo, por insignificante que parezca, gana ante los ojos de Dios un valor incalculable. Cuando creas que tus pecados son muchos, que Dios nunca te perdonará, acude con sencillez y el corazón arrepentido donde un sacerdote y confiésate. Verás lo reconfortante que es salir con el alma limpia.

Santa Faustina Kowalska escribió en su Diario esta conversación entre una alma pecadora y Jesús:

El alma: Señor, temo que no me perdones un número tan grande de pecados; mi miseria me llena de temor.

Jesús: Mi misericordia es más grande que tu miseria y la del mundo entero. ¿Quién ha medido Mi bondad? Por ti bajé del cielo a la tierra, por ti dejé clavarme en la cruz, por ti permití que Mi Sagrado Corazón fuera abierto por una lanza, y abrí la Fuente de la Misericordia para ti. Ven y tomas las gracias de esta fuente con el recipiente de la confianza. Jamás rechazaré un corazón arrepentido, tu miseria se ha hundido en el abismo de Mi misericordia. ¿Por qué habrías de disputar Conmigo sobre tu miseria? Hazme el favor, dame todas tus penas y toda tu miseria y Yo te colmaré de los tesoros de Mis gracias.

Nos toca aprender a confiar, porque a mayor confianza, más gracias recibimos. Una vez le preguntaron a Jesús que era lo que más le dolía de nosotros y respondió: *"la poca confianza en Mi Misericordia"*. Así se lo hizo saber a Sor Faustina: *"Has de saber, oh alma, que todos tus pecados no han herido tan dolorosamente Mi corazón como tu actual desconfianza. Después de tantos esfuerzos de Mi amor y Mi misericordia no te fías de Mi bondad"*.

He vivido más que tú, y a mi edad me he percatado que es verdad. Recibimos gracias abundantes en la medida de nuestra confianza.

"Los Apóstoles dijeron al Señor: **"Auméntanos la fe"**. El respondió: *"Si ustedes tuvieran fe del tamaño de un grano de mostaza, y dijeran a esa morera que está ahí: "Arráncate de raíz y plántate en el mar", ella les obedecería"*. —Lc 17, 5-6

¿Te has dado cuenta? Podemos hacer tanto bien, si confiáramos más, si tuviéramos un poquitito más de fe. Recién iniciado nuestro apostolado de la palabra escrita, cuando todo era difícil, un sacerdote amigo me preguntó: *"Claudio, ¿cómo van tus libros?"* Le miré, sonreí agradecido por su interés y le respondí: *"Van bien, padre, pero si tuviera una pizca más de fe, ya tendría operando una imprenta en un edificio de tres plantas, tendría 15 autos de reparto llevando los libros a todas partes, estaría exportándolos a otros países… si tuviera más fe".*

Suelo contar la historia de este santo que llegó a un poblado donde tenían un problema. Querían construir su iglesia, pero les estorbaba un monte. No sabían qué hacer y acudieron al santo. Éste les recordó el pasaje del grano de mostaza y les recriminó: *"Hombres de poca fe".* Entonces se volvió hacia el monte y le ordenó: *"Quítate de allí".* Al instante un fuerte temblor sacudió el lugar y el monte se desmoronó en pequeñas piedrecillas. A los pocos días, los pobladores iniciaron la construcción de su iglesia, en el lugar donde estuvo el monte.

A veces, no sé por qué, me nace del alma una infinita ternura, es como si Dios se hiciera presente y me envolviera en su Amor. No siempre he comprendido del todo estos acontecimientos, sólo sé que me ocurren y me da por hacer cosas curiosas. **El otro día me paré frente a la ventana del trabajo y mirando una capilla lejana, le canté villancicos al buen Jesús**. Lo imaginaba escondido en aquel sagrario, sin nadie que lo visitara. Quería tenerlo contento, hacerlo sonreír.

—Debo estar loco—, pensé, pero sentía que a Él le agradaba esto. Que lo recordaran, que pensaran en Su Amor.

—**Tal vez los villancicos son una forma de oración**—, me dije. Y continué cantando, diciéndole que lo quería.

Otro día recordé que estando tan cerca, poco lo visitaba. Por eso **a ratos, cerraba los ojos y con mi mente me trasladaba al oratorio y le hacía compañía.** Es tan grato estar en Su presencia. Cuando pienso en Jesús, me da por hacer cosas. Hoy, por ejemplo, me he quedado despierto hasta media noche, para escribirte. Y contarte mis vivencias. A esta hora todos duermen en casa y puedo pensar, rezar, reflexionar... **Hasta me da por cambiarle el nombre, lo llamo "Ternura"**, vaya ocurrencia la mía. Lo que más me agrada es cuando experimentas Su cercanía... sabes que es Él y está cerca. Te inunda un amor inexplicable... **Le queremos más que nunca y se lo decimos. Entonces me parece verlo sonreír de tanta alegría en aquel sagrario, y con tanto amor, que todo es luz, serenidad y paz.**

Y es cuando escuchas en el alma sus dulces palabras: *"Yo también te quiero"*.

"Te quiero Jesús".

No tengo pena de gritarlo a los cuatro vientos. Eres mi mejor amigo.

SENTÍ SU PRESENCIA
A MI LADO

Jesús es tan real para mí, como tú que lees estas líneas. Es una presencia que no se puede explicar con palabras. Debes vivirla. Es alguien maravilloso, único, Él es.

Una vez lo visité en un sagrario cercano a mi casa y ocurrió algo especial. No imaginas la ilusión que me daba ir a verlo. Es mi mejor amigo desde que era niño. Nunca he tenido otro amigo como Él. **Fui a verlo para acompañarlo un rato. Tenía mucho que contarle**. Es curioso, aunque tengo la certeza de que sabe lo que le diré, que conoce mis pasos y mi vida, igual me ilusiona contarle todo, compartir con Él mi vida.

Me agrada sencillamente sentarme frente al Sagrario y decirle: *"Te quiero Jesús, lo eres todo para mí"*.

Aquella ocasión lo miré de frente y le dije desde la banca: *"¿Por qué no sales de ese Sagrario y te sientas aquí, conmigo?"* **No había pasado ni un segundo cuando sentí su presencia, a mi lado.** Un gozo inexplicable me inundó el alma.

En aquella capilla cerrada una leve brisa me envolvió. Era como si Jesús me abrazara.

Cerré los ojos para verlo con los ojos del alma y allí estaba, sentado a mi lado, con su túnica blanca, brillante como el más puro sol, con un brillo espectacular, hermoso.

Me abrazó con fuerza y sonrió a gusto. Recuerdo que le dije: *"**Gracias Jesús, por ser mi amigo**"*. Y respondió: *"Gracias Claudio por ser mi amigo"*.

Él es lo más grande que le ha pasado a mi vida. Me encanta que sea mi amigo. Es un gran amigo. Lo da todo por ti. Se emociona cuando te confiesas, cuando piensas en Él, cuando le dices que lo amas. Sonríe a gusto ilusionado cuando lo visitas en el Sagrario. Lo disfruta y **le das alegrías**. Lo imagino como un niño que espera los invitados a su fiesta de cumpleaños. Pasan las horas, ninguno llega, se inquieta y entristece: **"¿Vendrán a verme?"**, se pregunta sin dejar de asomarse por la ventana. Y de pronto la puerta se abre… y eres tú. Él se pone feliz. Empieza a llamarte por tu nombre con el corazón que le salta en el pecho y exclama: *"Llegaste a verme, ¡gracias! Estaba tan solo aquí, esperándote"*.

Hace una semana me confesé. El buen sacerdote me dio de penitencia rezar un Padre Nuestro. Quise acompañar a Jesús y rezar frente al Sagrario. Lo que ocurrió entonces fue increíble.

Fue un momento especial, que nunca imaginé. Éramos Jesús y yo, los grandes amigos, juntos en aquella capilla, rezando una oración milenaria, la que Él nos enseñó. **Sólo pude decir al terminar:** *"Qué bueno eres, Jesús".*

¿Lo imaginé? No lo sé, pero fue hermoso. Y cuento los minutos para volver a verlo y estar junto a Él, en aquél oratorio, ese pedacito de cielo, donde soy feliz.

Hoy volvió a ocurrir. **Sentí de pronto la necesidad de hacer un alto y rezar. ¿Te ha pasado?** Andas distraído y súbitamente sientes como algo que te mueve a la oración.

No lo comprendes, pero es más fuerte que tú. Es una voz interior que te llama por tu nombre y te dice: *"Ven es hora de rezar. Hay tanta necesidad de oración en el mundo".*

Estaba listo para ir a desayunar. Dejé todo por algo más importante. Y me senté a rezar. *"Dios mío, qué bueno eres…".*

En ese momento sentí Su abrazo, tierno y bello. Me llené de un gozo, una paz sobrenatural que sobrepasaba mi entendimiento.

¿Quién puede comprender estos misterios? Sabía que era Él, que estaba conmigo.

A Él le encanta sorprendernos, llenarnos de gracias. Él está presente cuando rezamos, cuando enfrentamos los problemas, cuando nos confesamos, cuando caminamos por el mundo, cuando nos acercamos a otros y rezamos juntos. *"Porque donde dos o tres están congregados en mi nombre, allí estoy, en medio de ellos."* —Mt 18, 20

Yo creo que también está presente cuando rezas, aparentemente solo, porque no estás solo. Tu Ángel de la guarda reza contigo, a tu lado, mirándote complacido; feliz que has acogido el llamado de Dios.

Además, si has comulgado, llevas contigo a Jesús, a donde vayas. Eres un sagrario vivo. Iluminas el mundo con Jesús en ti. Qué gran misterio, ser portadores de Dios, *"Templos del Espíritu Santo"*.

Hoy he pensado: *"Si pudiese elegir un lugar en este momento, un sitio para estar: ¿cuál elegiría? Escogería estar contigo Jesús. Tantas personas buscan paz y aquí, contigo, abunda la paz"*.

Qué feliz soy, en la presencia de Dios. Me encanta saber que soy su Hijo amado, como tú que eres mi hermano.

Aprende a reconocer la presencia de Dios en los pequeños detalles de la vida. Que todo te recuerde a Dios.

Le contaba a un amigo las experiencias que paso con el buen Dios. Y Él me decía:

"Yo también recibo esas gracias. Lo que ocurre es que he sido un ciego y no las he visto".

Con el tiempo comprendes que sólo Dios puede darle sentido a tu existencia. Muchos lo descubrieron y empezaron a valorar más la vida sobrenatural. Retomaron el sendero perdido en la juventud; el camino de la fe, la oración, la confianza en Dios.

¿Cómo expresar todo esto que descubríamos? Viviéndolo. Siendo un signo de contradicción. Cambiando radicalmente, sin importar los miramientos humanos, lo que otros pudieran pensar. Hace algunos años me encontraba sumergido en esta búsqueda personal. Anhelaba retomar el camino de la confianza, la fe. Sabía que Dios me lo pedía. Y yo también quería sentirme cercano al Padre.

Un buen día vi un video de Chiara Lubich, la fundadora del Movimiento de los Focolares. Era un encuentro con jóvenes artistas. Ella les sugirió que aprovecharan cualquier ocasión para hablar de Dios. Me encantó la forma como lo hizo:

"No se cansen nunca de hablar de Dios" les dijo. *"Donde quiera que vayan, hablen de Dios. Escriban de Dios. Que Dios vuelva a estar de moda".*

Me tomé muy en serio estas palabras que invitaban a desplegar las velas del alma y dejar que Dios soplara esa brisa fresca que nos lleva donde Él lo desea.

EL TIEMPO VUELA

Te contaba que tengo 63 años. Me cuesta creerlo. El tiempo ha volado. En este momento todos duermen en casa. Me he quedado despierto para escribirte. Una vez mi hija, Ana Belén, me preguntó: *"Papi, ¿por qué eres así, si antes eras diferente?"*

Es verdad, antes era diferente. Tenía otras prioridades. Recuerdo que estaba por cumplir 33 años y pensé: *"Jesús murió a esta edad"*.

Medité mucho en esto. Era impresionante lo que hizo por mí. ¿Qué haría yo por Él? ¿Dejaría pasar esta oportunidad? Tomé una decisión, tal vez la más difícil, pero la más dulce y feliz que he tomado. Me dije: *"A partir de los 33 dedicaré lo que me resta de vida a Dios y a mi familia"*.

Había leído la vida de un hombre extraordinario que había hecho algo similar. Decidió que hasta los 33 se dedicaría a hacer aquello que tanto disfrutaba: la música, los amigos. Luego dedicaría su vida a Dios. Cumplió la promesa y Dios le bendijo en todas sus obras, como médico y misionero.

Si él pudo, me dije, yo también podría. Hice esa semana una buena confesión y empecé a subir la cuesta. Han pasado tantas cosas desde entonces y nunca me he arrepentido por haber tomado esa decisión.

~~

Nos falta esto: **la pureza de corazón**. *Un corazón puro para recibir a Nuestro Señor. Convertirnos en un Sagrario Vivo, donde haga su morada. Revestirnos de Cristo. Ser uno con Él.*

LA VIDA EN FAMILIA

Mi vida transcurre en familia, con mi esposa y mis hijos. Trabajo de lunes a sábado. Parezco el mismo, pero algo fundamental cambió, muy dentro de mí.
He retomado el camino que un día abandoné. Busco al pequeño Claudio que amaba a Dios.

Cuando puedo asisto a la misa diaria. No encuentro nada más gratificante que empezar el día con Jesús, tenerlo en el alma y el corazón. Hay una promesa suya que me encanta: *"Si ustedes permanecen en mí y mis palabras en ustedes, pidan lo que quieran y se les dará"*. Suelo decírselo a mis amigos porque es una promesa extraordinaria. ¿Qué le pido yo? Le pido su amor. Me propuse cambiar y valió la pena. Dios ha llenado mi vida. Trataría de ser el Claudio que de niño amaba a Jesús. Un Claudio para Jesús.

Con el auxilio del Padre y tus oraciones, podré llegar a la meta. Solo, por mis propios méritos, jamás podré lograrlo. Me confieso con regularidad, porque me encanta tener presencia de Dios en mi vida. El camino es largo y necesitamos la fortaleza espiritual que dan los sacramentos. Le conté esto a un amigo por Internet y me preguntó sorprendido: *"¿Quién eres? ¿Acaso un marciano?"*

"Es que quiero tener el alma limpia — le respondí —, *para que Jesús se sienta a gusto, cada vez que lo reciba en la Comunión".*

Un sacerdote me dijo una vez: *"En la confesión no sólo se te perdonan tus pecados, sino que recibes la gracia para evitarlos en el futuro".*

La confesión frecuente, la comunión diaria, la práctica de la caridad, te ayudarán a ser una mejor persona, más feliz y radiante. Me encanta tener presencia de Dios en mi vida. El camino es largo y necesitamos la fortaleza espiritual que dan los sacramentos.

Dios me ha enseñado la importancia de la humildad. He aprendido que *el orgullo es un mal consejero.* Por naturaleza solemos rebelarnos. Qué difícil es esto, ¿verdad? Callar cuando quieres responder una falsa acusación. Perdonar cuando te han hecho daño. No replicar cuando te humillan. Perdonar y olvidar. ¿Qué si me cuesta? Cuando me apoyo en mis fuerzas, todo me cuesta y parece imposible triunfar. Pero cuando me apoyo en Dios, nuestro

Padre, todo es más sencillo. Él te defiende. Te protege. Te saca adelante. Te da la fortaleza que necesitas para enfrentar la vida.

También me preguntaba mucho: ¿Qué quiere Dios de mí? Nos quiere santos. A todos. Lo sé. Pero, ¿había algo más? Mientras encontraba mis respuestas me dediqué a escribir sobre Jesús, el significado de saberse un hijo amado de Dios y las vivencias cotidianas de un católico. No estoy seguro de cuándo cambié la literatura por los escritos de espiritualidad. Empecé publicando algunos artículos cortos. Hablaba de Jesús, del amor del Padre, su presencia en lo cotidiano, el deseo de santidad, la Paz interior. Si me preguntas qué es lo que más me sorprende de Dios, te respondería sin dudarlo: "*Su Misericordia*". Siempre está perdonando nuestros pecados. Nos quiere tal como somos. Nos llama. Nos atrae a su Amor, a la gracia. Nos da la vida en abundancia. Y a cambio, sólo nos pide que lo amemos y a nuestros semejantes también.

Disfruto mucho acompañando a Jesús Sacramentado. Casi siempre lo encuentro solo. Suelo ir después del almuerzo a visitarlo y pasamos ratos muy agradables.

"La Iglesia es la caricia del amor de Dios al mundo".

—San Juan Pablo II

¿POR QUÉ ESCRIBO?

Siempre que escribo un libro sobre nuestra fe me preparo previamente, primero con la oración. La oración es fundamental antes de emprender cualquier proyecto. Solía pensar que la oración era el lenguaje de Dios. No importa que qué idioma hables, Dios siempre comprendería lo que le dices y te escucharía. Con el tiempo cambié este parecer. Ahora me parece que rezar este estar en la presencia de aquél que nos ama. Rezar es estar en la dulce presencia de Dios nuestro Padre. Puedes incluso permanecer en silencio, Él escudriña tu alma y tu corazón, sabe lo que eres y necesitas, conoce nuestras miserias dolores, sabrá que lo amas y esto le bastará para sentirse feliz contigo. Como buen Padre no dejara de proveer tus necesidades físicas y espirituales. Una vez le preguntaron a un sacerdote cómo se podía rezar sin distraerse y respondió: "Recordando siempre en la presencia de quién estamos". Conozco mis fallas y debilidades y pido mucho al Espíritu Santo que me ilumine para poder escribir y subsanar mis defectos. También leo las Escrituras, y pido a sacerdotes amigos que me orienten para no equivocar el camino. Como tú, aun busco respuestas.

Una vez me preguntaron por qué escribo. ¿Qué hace un padre de familia, católico escribiendo estos libro sobre la fe. Algo muy dentro de mí me impulsa a hacerlo. Trataré de explicarte. Hace algunos años había decidido no escribir. Hice el esfuerzo y me dediqué a otras actividades. Pero me pasó como a Jeremías. *¿Lo has leído?*

Cansado de las burlas que era objeto, decidió no hablar más de Dios. Entonces ocurrió algo para lo que no estaba preparado. Dios conquistó su corazón. *"Me has seducido Iahvé, y me dejé seducir por ti. Me tomaste a la fuerza y saliste ganando. Todo el día soy blanco de sus burlas, toda la gente se ríe de mí. Pues me pongo a hablar; y son amenazas. No les anuncio más que violencia y saqueos. La palabra de Yahvé me acarrea cada día humillaciones e insultos. Por eso decidí no recordar más a Yahvé, ni hablar más en su nombre, pero sentía en mí algo así como un fuego ardiente aprisionado en mis huesos, y aunque yo trataba de apagarlo, no podía".* —Jeremías 20,7-9

Como Jeremías, me dejé seducir por el Amor de Dios.

MI EXPERIENCIA COMO CATÓLICO

Decía Santa Teresita que cuando Jesús colgaba en la cruz y exclamó: "Tengo sed", se refería a nosotros, a ti y a mí. Jesús tenía sed de nuestro amor. Jesús está sediento de amor, y nosotros no le damos de beber. Alejamos el vaso cada vez que miramos mal a un hermano, cuando comulgamos indebidamente, cuando damos un mal ejemplo.

— Señor, yo quiero darte de beber, quiero saciar tu sed.
— Hijo mío — te responderá Jesús — "Si conocieras el don de Dios, si supieras quién es el que te pide de beber, tú mismo le pedirías agua viva y él te la daría". —Jn 4, 10

Amigo, amiga, soy católico, porque vivo convencido que en su Iglesia podré saciar la sed de amor que lo consume.

Soy católico por *convicción* y por vocación. Quiero vivir y morir en la Santa Iglesia que fundó Jesús.

Sé con la certeza de la fe, que Jesús, el hijo de Dios vivo, está verdaderamente presente en cada Hostia consagrada por un sacerdote. *¡La Hostia está viva!*

¡Es Jesús! Este es el Sacramento inmenso de su Amor.

En una ocasión me enseñaron una oración de confianza y me gustaría compartirla contigo: "Ángel de mi guarda, ve y visita en mi nombre, todos los sagrarios del mundo, di a Jesús cosas que yo no sé decirle y pide su bendición para mí". Me gusta responder: *"Sí Jesús, bendíceme, a pesar de mi poca fe"*.

Es maravilloso poder acercarnos a Jesús, el amigo bueno, sabiendo que nos envolverá en su amor y su gracia. *"Yo soy el pan vivo que ha bajado del cielo. El que come de este pan vivirá para siempre. El pan que yo daré es mi carne, y lo daré para la vida del mundo"*. —Jn 6, 51

Sabiendo que algunos tendrían dudas, Jesús, en su bondad infinita, les confirmó: *"Mi carne es verdadera comida y mi sangre es verdadera bebida. El que come mi carne y bebe mi sangre permanece en mí y yo en él"*. —Jn 6, 55-56

Yo quiero comer siempre de este pan bajado del cielo, participar del banquete celestial, y permanecer con Jesús y en Jesús.

Por la fe que me ha dado el buen Dios, creo en el Espíritu Santo, Señor y dador de vida.

Creo en la Iglesia que es una, santa, Católica y apostólica.

Confieso que hay un solo bautismo para el perdón de los pecados.

Espero la resurrección de los muertos y la vida del mundo futuro.

Por la fe que me ha dado el buen Dios, creo en el Espíritu Santo, Señor y dador de vida.

Creo en la Iglesia que es una, santa, Católica y apostólica.

Confieso que hay un solo bautismo para el perdón de los pecados.

Espero la resurrección de los muertos y la vida del mundo futuro.

Amén

Has encontrado el camino,
sólo te falta seguirlo.

PARA TERMINAR

Querido lector:

Esta es mi experiencia como católico. He visto de primera mano los escándalos en la Iglesia, eventos dolorosos. Ya no puedes decir: "Esas cosas ocurren en Irlanda o en los Estados Unidos o en Chile". Pero no dejaré la Iglesia por ello. También he visto **los efectos extraordinarios de la gracia** y la presencia VIVA de Jesús en ella. Y voy a defenderla con mis palabras y le ofrezco mis pobres oraciones.

Ante lo que vivimos, pienso que debemos intensificar nuestras plegarias por los sacerdotes, pedir a Dios constantemente por su santidad, que los guarde del pecado y las tentaciones de este mundo. La Iglesia católica tiene a Jesús, por cabeza, me basta saberlo para concluir que el mal nunca prevalecerá sobre ella. La Biblia es categórica en esto: *"sobre esta piedra edificaré mi Iglesia, y las* ***puertas del Hades no prevalecerán contra ella.***" —Mateo 16, 18

En lo que a mí respecta, procuro mantener el estado de gracia como un tesoro. Vivo la santa Misa.

Trabajo para ganarme el pan de cada día. Y, sobre todo, vivo en familia, porque ellos son mi castillo, mi refugio, mi alegría.

Me siento confiado y seguro en la Iglesia de Jesús, porque es Madre y Maestra y custodia tesoros invaluables de espiritualidad. Está llamada al amor y el perdón, virtudes extraordinarias que tienen la capacidad infinita para cambiar y escandalizar al mundo materialista.

Un sacerdote español me escribió en cierta ocasión sobre el perdón: "Recuerdo cómo se escandalizaba, pero en realidad con admiración, un periodista de la TV egipcia ante el perdón de las familias de aquellos operadores que el ISIS había degollado en Libia".

Aquí termino el libro, donde lo empecé, al pie del sagrario, ante Jesús Sacramentado. Levanto la mirada, silencioso, con el corazón agradecido por ser parte de la Iglesia católica, apostólica, romana. Me he dejado envolver por el espíritu de oración con que Jesús nos inunda en estos tiempos sagrados. El deseo de dar más de nosotros, de ser mejores, de amar a mis semejantes. Descubro su amor insondable, su ternura, su Paz. Y *descubrimos* a Jesús.

Te deseamos que encuentres a Dios, y que *habite en tu alma*. Que aprendas a amar a tu Iglesia.

¿Puedes sentir la presencia de Dios en tu vida? ¿Has notado algo diferente en ti? ¿Sientes el deseo de pasar más tiempo en silencio, escuchando a Dios? ¿De repente te llega una oleada de ternura? ¿Se te hace más fácil perdonar? ¿Experimentas durante la Santa Misa un gozo interior? ¿Le dices a Jesús que lo amas?

Oh, ¡qué maravilla! No imaginas la alegría inmensa que siento por ti. Te has decidido, y, a pesar de todo lo que te han dicho, empezaste a escalar la montaña de Dios. No temas. Anda, ve y dile:

— Jesús, todo lo que deseo es amarte con tu Amor infinito y puro.

Con ese amor inundando tu alma, como un río caudaloso, emprenderás el camino de la fe y verás su Iglesia florecer.

Esta mañana encontré una carta inesperada, de mi amigo argentino Horacio Mantilla. Me recordó a todos los que buscan la presencia de Dios y anhelan con sinceridad estar en su presencia.

—Deseo ser santo — escribió —. Es mi anhelo, y ¡me cuesta tanto! Aprender a no sentir miedo de ser cristiano, a no retener a Jesús dentro de mí, sino a compartirle. ¡Cuánto me cuesta!

Querido amigo: Necesito que Él me perdone tantas cosas. Necesito que me desmenuce y me rehaga como Él quiera. El domingo durante la consagración, sentí arder mi corazón. Le miro y siento su santa presencia, tan misericordiosa que no me atrevo a pensar otra cosa que esa oración que repetía siempre cuando era ministro extraordinario de la Comunión:

***"Que no me vean a mí,
sino a ti, mi buen Señor".***

Yo también suelo decir esa hermosa oración, pensando que, en nuestras vidas, debemos ser un reflejo del Amor de Dios. Sé un sagrario vivo, cuida el estado de gracia como un tesoro, y que todos vean reflejado en ti, el rostro misericordioso de Jesús. A Jesús le encantan las cosas que haces por Él.

¡Ánimo! ¡Él está contigo!

Deseo terminar este libro recordando aquel sacerdote anciano, en Italia, que emocionó al mundo. Murió por el Covid-19, alzando sus manos en señal de triunfo. Sostenía con fuerza un rosario y exclamó emocionado:

"No tengáis miedo, porque todos estamos en manos de Dios".

DEJA TU RESEÑA

¿Puedo pedirte un favor? Antes de cerrar este libro, por favor vuelve unos minutos al sitio en Internet donde lo compraste. Allí encontrarás la opción de reseñar su contenido.

Escribe una reseña del libro que acabas de leer.

Puede ser con palabras o marcando estrellas, como puntaje.

No te imaginas cuánto **nos ayudará** tu reseña para continuar este apostolado de la palabra escrita, con nuevos libros que tocarán otras vidas.

No te tomará más de un minuto y ayudará a otros posibles lectores a saber lo que encontrarán en este libro.

⭐⭐⭐⭐⭐

Es hora de saber la **VERDAD.**

Sorpréndase por la acción oculta del demonio en la **Iglesia** y la humanidad.

Un libro escrito por un católico, que **expone** las estrategias del demonio.

Con Aprobación Eclesiástica

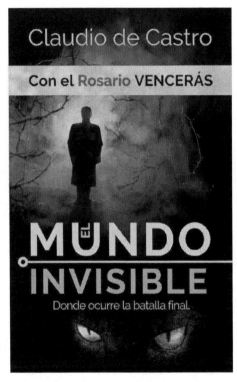

NUEVOS LIBROS DEL AUTOR
CLAUDIO DE CASTRO

¿TE INVITAMOS A LEER LOS "RECOMENDADOS"?

Puedes pedirlos en el portal Amazon de tu país.

Quisiéramos recomendarte otros títulos que pueden ser de tu interés y te ayudarán mucho en tu crecimiento espiritual. Tenemos del autor Claudio de Castro, más de 100 libros de crecimiento espiritual disponibles para ti, en el portal de Amazon. Estos son algunos de los más vendidos:

1. El Mundo Invisible / Best Seller.
2. Nunca te Rindas.
3. El Camino del Perdón.
4. Mi Ángel (Testimonios con nuestro Ángel).
5. El Desafío de Dios.
6. El Gran Poder Olvidado. Los 7 Dones del Espíritu Santo.
7. Un Encuentro con Dios.

EL AUTOR

Claudio de Castro (1957 -) es un conocido autor católico que publica desde hace años sus libros, sobre su búsqueda de la Verdad y de Dios, en formato impreso y digital. Sus libros, hacen un gran bien a los lectores y se hallan distribuidos en 15 países. Puedes encontrarlos también en Amazon de tu país. Basta que escribas su nombre en el buscador de Amazon y podrás ver todas sus publicaciones. Actualmente Claudio vive en Panamá con su esposa Vida, sus 4 hijos y una nieta y se dedica a escribir.

¿Te gustaría comunicarte con él? Éste es su email:

cv2decastro@hotmail.com

También puedes visitar su página web donde encontrarás otros libros similares, de autoayuda y crecimiento espiritual, para fortalecer tu fe y recuperar la esperanza, para encontrarte con Jesús en el sagrario, para darle un nuevo sentido a tu vida.

Te invitamos a visitarlo.

www.claudiodecastro.com

Made in the USA
Columbia, SC
24 November 2020